循易解醫

四五六之学新探

周德元——著

團結出版社
UNITY PRESS

© 团结出版社，2023 年

图书在版编目（CIP）数据

循易解医：四五六之学新探 / 周德元著 . -- 北京：
团结出版社，2023.6（2024.8 重印）
　ISBN 978-7-5234-0141-5

　Ⅰ.①循… Ⅱ.①周… Ⅲ.①《周易》- 研究②中医
学 - 研究 Ⅳ.① B221.5 ② R2

　中国国家版本馆 CIP 数据核字 (2023) 第 078143 号

责任编辑：方　莉
封面设计：阳洪燕

出　版：团结出版社
　　　　（北京市东城区东皇城根南街 84 号　邮编：100006）
电　话：（010）65228880　65244790
　　　　（010）65238766　85113874　65133603（发行部）
　　　　（010）65133603（邮购）
网　址：http://www.tjpress.com
E-mail：zb65244790@vip.163.com
经　销：全国新华书店
印　装：三河市东方印刷有限公司

开　本：170mm×240mm　16 开
印　张：11.5　　　　　　　　字　数：184 千字
版　次：2023 年 6 月　第 1 版　　印　次：2024 年 8 月　第 2 次印刷

书　号：978-7-5234-0141-5
定　价：48.00 元

目 录
Contents

绪　论

　　命理学和中国传统医学是中国传统文化的两个很重要的领域。在它们形成后的数千年传承长河中，许多造诣很高的命理学家和中医大家将这两门学问在各自的探索和研究之路上不断地发展和深化，形成了两套完整的理论体系。由于这两门学问各自独立，分属于两个不同的领域，所以自古以来只有为数不多的学者将它们结合起来进行探索和研究。

　　笔者在三十多年研习中国传统文化多个领域的过程中发现，中国传统文化的源头都是河图洛书、阴阳五行，几乎传统文化所有的领域都离不开河图洛书和阴阳五行。而阴阳五行的源头是古人对天文、地理以及自然界各种现象的观察、分析、归纳得到的成果。由于根出同源，传统文化中有许多领域是互相交叉和渗透的，所以完全可以进行跨领域的融合研究，历史上有些学者已经做了这方面的研究。

　　基于这个思考，尤其是在笔者的《天"行"有常——阴阳五行之探索》[①]一书完成后，笔者萌生了将命理学中的四柱和中医领域的五运六气学结合起来研究的念头，并将之命名为"四五六之学"。所谓"四五六之学"的核心是根据自然界的天气变化，结合一个人的出生时间确定的四柱来推断一个人的先天体质和健康状况，以及受节气和天气变化的影响可能患病的趋势。其中的"四"是指命理学中的四柱（即八字），"五六"是指中医理论体系中的五运六气。它既不属于命理学范畴，也不属于中医理论范畴，而是一套融合了命理学理论和中医理论的新理论。曾经有古人对此有过研究，但始终没有被传统文化界的大多数学者们重视，因此没有成为一门完整的学说。笔者提出"四五六之学"是一个尝试和探索，因担心称之为"四五六学说"的帽子太大，所以笔者用了"四五六之学"的说法。

　　在命理学诸多术数中，四柱推命术是很重要的一个分支。它根据一个

---

　　① 周德元著《天"行"有常——阴阳五行之探索》，团结出版社，2022 年 1 月出版。

人出生的年、月、日、时辰排出其八字，然后分析推算出其一生的命和运。所谓"八字"是指用天干地支给一个人的出生年份、月份、日子和时辰分别配上天干和地支的组合，即年干支、月干支、日干支和时干支。在四柱推命术中，年干支称为年柱，月干支称为月柱，日干支称为日柱，时干支称为时柱，合起来称为"四柱"。故这种推命术称为"四柱推命术"。其代表人物是宋代的徐子平，他的《渊海子平》一书可以说是四柱推命术的开山奠基之作，因此四柱推命术又称为"子平术"。按照人类认识宇宙的时空观，由于四柱依据的是一个人的出生时间，所以四柱推命术是时间元素在一个人的命运中的体现。

五运六气的核心内容是"运气"，这是人们常用的一个词语，它包括两个内容："运"和"气"。它们具有各自的内涵，需要加以区分。

何谓"运"？通常说的运，在《说文解字》中的解释是："移徙也。从辵（chuò）军声。"其本义是：运行，运转，迁徙。后来，运的概念延伸出了许多内涵，诸如：运势、命运，等等。大到国家、城市，小到家庭、个人，都有了运的说法。每个国家有国运，每个城市有城运，每个家庭有家运，每个人也有命运。例如，《国语》云："勾践之地……广运百里。"《诚意伯刘文成公文集》云："运穷福艾"；等等。

古人更是将"运"的概念扩展到天地日月范畴。《易·系辞》云："日月运行，一寒一暑。"《方言》中说："日运为躔，月运为逡。"将日月的运行与四季气候变化联系了起来。在五行理论出现后，"五运六气"理论随之创立，出现了五运之说。所谓五运，《韵会》云："五运，五行气化流转之名。"是指金、木、水、火、土五行在运行过程中的生旺状态与衰败转变的关系，它配合每年的年天干可以用来推算每年的岁运（即每一年的年运）。

何谓"气"？《说文解字》中对"气"的解释是："云气也。象形。凡气之属皆从气。"目前人类掌握的科学知识认为，自然界中的物质有三种状态：固态、液态和气态。气的本义是指在自然界中物质的第三种状态。因为它是物质的存在，所以有了"气体"这个词语。气这个概念后来不仅局限于"云气"的本义。它逐步延伸到了人体、自然界和社会现象等多个范畴。

在人体范畴的"气"有：人消化食物后在肠胃系统中产生的气体；人的呼吸（包括吸气和呼气）；人体原始的精华能量（元气）。在此基础上道家和武术界有了气功的概念。道家理论中有一个术语——"炁"，其本质就是人们通常认识的"气"。

在社会现象中将一个人、一个朝代和一个社会机构的人际关系称为"人气""气运"。

在自然界，固态和液态的物质有"气化"的现象，人类生存环境有"气候"的概念。尤其是《黄帝内经》对气和运有了更深入的论述。《黄帝内经·素问》中的《天元纪大论》《五运行大论》《六微旨大论》《气交变大论》《五常政大论》《六元正纪大论》和《至真要大论》七篇大论构成了完整的"运气学说"，它从金、木、水、火、土五行之间的相生相克和相互转化的视角推演了环境气候的变化，以及这种变化对人体健康和生命产生的影响。由此创立的"五运六气"理论成了中医运气理论学说的根基。形成了一套独特的分析病因、病机、治疗以及养生的理论体系和方法。

在推算岁运和岁气时既要用到天时（年份、四季、十二月和十二时辰），还需要用到与五行对应的空间方位（东、西、南、北、中），所以五运六气既要运用时间元素，也要运用空间元素，这就是五运六气的时空观特性。

阴阳五行理论既渗透到了命理学领域，也渗透到了包括五运六气在内的其他诸多领域（详见笔者的《天"行"有常——阴阳五行之探索》）。既然这些领域的理论支撑都是阴阳五行理论，那么这些领域应该具有一定的关联性，应该可以交叉运用阴阳五行理论的规则。自古以来，关于四柱推命术和五运六气已经各自有了许多著作和成果。毫无疑问，四柱推命术是根据天干地支组成的一个人的四柱（八字）推算一个人的命和运的。五运六气是根据十个天干之间的相互作用来推算一年四季（实际运用时按照春、夏、长夏、秋、冬五个季节推算）五个运，再根据十二个地支之间的相互作用推算风、热（暑）、火、湿、燥、寒六种气的状态，以及岁运和岁气对国家、城市、个人的影响。但是鲜少见到专门论述四柱推命术中排出的八字与每一年的岁运和岁气关联起来的运用，也几乎没有见到直接根据四柱推算一个人的先天体质和某个年份的健康状况的运用。

自古以来四柱推命术用于算命，五运六气则用于推算气候变化趋势、国运和人的气运等。"四五六之学"的宗旨是将二者加以结合，专注于推算一个人先天体质的强弱，以及哪个脏腑在何时可能会患病的规则和方法。虽然也有少数古人根据四柱推命术辨识一个人的先天体质，但只是作为算命术的附加应用。也有根据五运六气推算一个人患病的时间，但始终不是五运六气的主流应用。因此，"四五六之学"的核心不是重复赘述四柱推命术的算命方法和五运六气推算气候的变化，而是将五运六气和四柱结合起来延伸到分析一个人的身体、患病等状况的应用，开辟了一个四柱推命术与五运六气相结合的应用新领域。

四五六之学的立论基点是：既然宇宙万物都具有五行属性，天地间五行的运行自然形成五运和六气，而人作为宇宙万物的基本个体之一，当然也具有五行属性，而且天地间的五运六气也必然对人产生影响。而根据一个人出生的年月日时排出的四柱（八字）就能够让一个人与天地间的五运六气产生关联。一个人的四柱是在出生那一刻就先天决定了的。其中四个天干和四个地支都具有五行属性，而一年四季也具有五行属性，四季的气候也与五行属性密切相关，这些元素的五行属性之间有相生相克的关系。于是通过分析它们之间的相生相克关系就可以推算一个人的先天体质和后天的健康状况。

为了四五六之学的理论完整性并能实际加以应用，首先必须掌握四柱推命术和五运六气理论，所以本书将介绍四柱推命术和五运六气的基础知识、二者各自的运用规则，以及二者相结合的运用规则，并将列举一些推算的实例。但是"四五六之学"不是四柱推命术，它对四柱的运用不是推算一个人的命和运，而是推算一个人的健康状况。它根据阴阳五行理论，并参考中医传统的诊断手段和方法，再根据人体五脏六腑和经络的五行属性，比照一个人四柱中的阴阳五行属性的状况，以及与季节等时间元素密切相关的五运六气理论去推算一个人的先天体质状况和哪一个脏腑将会在何时患病，从而达到防患于未然和"治未病"的效果。所以说五运六气在医学领域的主要应用正是"治未病"。

如果从"道"和"术"的层面对四五六之学进行定位，它只能算作一种"术"，不能算作"道"。因为它只是将命理学中的四柱推命术和中医领域的五运六气结合运用的一套理论和规则，它只属于"术"的层面，没有达到"道"的层面。"道术"是中国传统文化中一个很常见的术语，但是真正理解其内涵的人并不多，甚至有人认为道术是迷信，这是一种误解和偏见。道术有"道"和"术"两重含义。道是根本，术是表象。如果掌握了道，就能随心运用术。所以古人云："有道无术，术尚可求；有术无道，止于术。"

例如在中医领域，众所周知的典籍有《黄帝内经》《伤寒论》《金匮要略》《灵枢经》《千金方》，等等。其中《黄帝内经》作为一本医书，论述的重点是医道，不是医术。所以在《黄帝内经》中基本没有提供治病的药方，《黄帝内经》的运气七篇中没有具体列举运气病案。如果要学会治病，需要学习和运用其他的中医典籍。

四五六之学的提出，是将四柱推命术中的四柱和五运六气理论结合起来应用的一个尝试。希望能改变人们一直以来的认知：排八字就是江湖上的那些算命先生用来算命的。殊不知，一个人的八字完全可以用于对其健康状况的推算，达到"治未病"的层次。中国传统文化中各领域的理论和方法的跨界和交叉应用正是中华优秀传统文化博大精深之所在。笔者期待从事中华优秀传统文化研究的学者们和中医专家们去深入研究、发掘、完善并拓展，使四五六之学真正成为一门融合传统文化不同领域的学说。

笔者提出四五六之学的初衷是：希望在五运六气用于研究气候变化和四柱推命术用于算命的基础上能衍生出一个新的研究方向："算病"。先根据一个人出生的年、月、日、时辰得到的四柱推断其先天体质和弱脏。再根据五运六气理论推算一个人在各个年份受气候变化的影响而患病的预兆和警示，将二者结合起来达到"治未病"的效果。

第一章 四五六之学的基础知识

第一节　天干地支

与中国传统文化中许多领域一样，四柱推命术和五运六气都要用到二十二个最基本的符号，即十个天干、十二个地支。

十天干分别为：甲、乙、丙、丁、戊、己、庚、辛、壬、癸。

十二地支分别为：子、丑、寅、卯、辰、巳、午、未、申、酉、戌、亥。

一、天干地支的由来

天干地支是黄帝为了建立当时农耕社会所需的历法体系而命史官大桡（ráo）创立的。按照《五行大义》中的说法，大桡"采五行之情，占斗机所建，始作甲乙以名日，谓之干，作子丑以名月，谓之支。有事于天则用日，有事于地则用月。阴阳之别，故有支干名也"。也就是说，天干与日关联，地支与月关联。十二地支也是中华民族用来记录时间的文字。

"干支"古名"岁"（又名"摄提"），中国古代传承至今的干支纪年法以六十年一甲子为循环周期。《易·系辞》云："寒暑相推而岁成。"《三皇本纪》云："天皇氏，木德王，岁起摄提。"

二、天干的内涵

天干的"干"犹如树之干，居于上，与"天"有关，故称为天干。而且，十天干与太阳出没有关，太阳的循环往复，对万物产生了直接的影响。

【甲】甲骨文象形字。《说文解字》云："甲，象形。其下有茎，其上犹冒以种壳之形，像屮（草）木之始生。隶变作甲。"《史记·律书》云："甲者，言万物剖符甲而出也。"所以描述即将生育的孕妇有"身怀六甲"之说。《群书考异》说：甲是指万物剖符而出。

【乙】甲骨文象形字。《说文解字》云："乙，草木冤曲而出也。象形。"《史记·律书》云："甲者，为万物剖符甲而出也；乙者，言万物生轧轧也。"《群书考异》说：乙是指万物出生，抽轧而出。

【丙】"丙"之本义通"炳"。清代陈昌治刻本《说文解字》云："万物成，炳然。阴气初起，阳气将亏。"清代段玉裁的《说文解字注》云："丙之言炳也。万物皆炳然著见。"《群书考异》说：丙是指万物炳然著见。

【丁】象形字。《康熙字典》云："凡造物必以金木为丁附著之。"清代陈昌治刻本《说文解字》云："夏时万物皆丁实。"段玉裁的《说文解字注》云："丁者，言万物之丁壮也。"所以后来有"壮丁""男丁"等形容男性之名词。一个家庭生了个男孩称为"添丁"。《群书考异》说：丁是指万物丁壮。

【戊】在古汉语中，"戊"通"茂"，读音亦相同，后世才读作"勿"音。由"茂"可知，"戊"寓意"万物皆茂盛"（出自《康熙字典》）。《群书考异》说：戊是指万物茂盛。

【己】"己"通"纪"，有"纪识"之义，指万物至此已有形，可纪识。《说文解字》云："像万物辟藏诎形也。己承戊，像人腹。"《群书考异》说：己是指万物有形可纪识。

【庚】"庚"有更新、更替之义。意为万物处于收敛有实的状态。《说文解字》云："庚之言更也。万物皆肃然更改。秀实新成。像秋时万物庚庚有实也。庚庚、成实皃（mào，同貌）。"《群书考异》说：庚是指万物收敛有实。

【辛】"辛"乃象形字，象征刑刀，有痛楚之义。位于"庚"之后，象征万物在成熟后，可以收获了。《说文解字》云："秋时万物成而孰。"收割农作物需用刀具，农作物被割断，故有"辛痛"之说。《群书考异》说：辛是指万物初新皆收成。

【壬】像人裹妊之形。《说文解字》云："壬之为言任也。"《康熙字典》云："言阳气任养万物于下也。"这意味着阴气极致而阳气开始生。《群书考异》说：壬是指阳气任养万物之下。

【癸】意为万物开始萌生新芽。《说文解字》云："男之精，女之血，先天得之以成形，后天得之以有生，故曰天癸。"《方书》云："癸者，归也。于时为冬，时万物怀任于下，揆然萌芽。"《群书考异》说：癸是指万物可揆度。

三、地支的内涵

地支的"支"犹如树之枝干，居于下，与"地"有关，故称为地支。

地支又与农历的十二个月和民俗的十二个生肖相对应。

【子】象形字，同"孳"，孳生之义。按照月支，子为十一月（冬至之后），阳气上升，万物开始孳生。《说文解字》云："子，十一月，阳气动，万物滋（同孳），人以为称。"子又对应于十二生肖中的鼠。

【丑】象形字，象手之形。亦同"纽"，丑月为农历十二月，其时阴气纽结而渐解。《说文解字》云："纽也。十二月，万物动，用事。象手之形。时加丑，亦举手时也。"丑又对应于十二生肖中的牛。

【寅】寅月为正月，正月里阳气上升，乃万物开始生长之时。清代陈昌治刻本《说文解字》云："髌也。正月，阳气动，去黄泉，欲上出，阴尚彊，象宀不达，髌寅于下也。"段玉裁的《说文解字注》云："正月阳气欲上出。如水泉欲上行也。"寅又对应于十二生肖中的虎。

【卯】同冒。卯月为二月，万物生长，冒出地面。《说文解字》云："冒也。二月，万物冒地而出。象开门之形。故二月为天门。"卯又对应于十二生肖中的兔。

【辰】有"震"之义。辰月为三月，雷电震动，万物皆苏之时。《说文解字》云："震也。三月，阳气动，雷电振，民农时也。物皆生，从乙、匕，象芒达；厂，声也。辰，房星，天时也。"辰又对应于十二生肖中的龙。震也。

【巳】此乃象形字。巳月为四月，此时万物已长成。《说文解字》云："巳也。四月，阳气已出，阴气已藏，万物见，成文章，故巳为蛇，象形。"所以巳还对应于十二生肖中的蛇。

【午】午月为五月。此时阳极阴生，阴气开始上升，万物已盛大繁茂。《说文解字》云："啎也。五月，阴气午逆阳。冒地而出。此予矢同意。"午又对应于十二生肖中的马。

【未】一种含义为"味"，滋味。在五行概念中，则是"味也。六月，滋味也。五行，木老于未。象木重枝叶也"。《说文解字》云："木生于亥。壮于卯。死于未。此即暧昧之说也。"未月为六月，此时阴气已长，万物开始衰退。未又对应于十二生肖中的羊。

【申】申月为七月。其时万物已长成，停止生长。《说文解字》云："神也。七月，阴气成，体自申束。从臼，自持也。晡时听事，申旦政也。"申又对应于十二生肖中的猴。

【酉】酉月为八月。酉，就也。此时万物皆已成熟。段玉裁的《说文解字注》云："酉者，万物之老也。"《说文解字》云："就也。八月黍成，可为酎酒。象古文酉之形。凡酉之属皆从酉。"陈昌治刻本《说文解字》云："卯为春门，万物已出。酉为秋门，万物已入。"酉又对应于十二生肖中的鸡。

【戌】戌月为九月。"戌"的含义为"灭"。此时万物即将消失归土。《说文解字》云："灭也。九月，阳气微，万物毕成，阳下入地也。五行，土生于戊，盛于戌。从戊含一。凡戌之属皆从戌。"戌又对应于十二生肖中的狗。

【亥】亥月为十月。陈昌治刻本《说文解字》云："荄也。十月，微阳起，接盛阴。"段玉裁的《说文解字注》云："亥，核也。收藏万物。核取其好恶真伪也。许云荄也者。荄，根也。阳气根于下也。"亥又对应于十二生肖中的猪。

四、天干地支五行属性的由来

1. 五个方位的五行属性

古人根据天地间五个方位的特性与五行属性的内在特性确定了五个方位对应的五行属性。

东方是太阳升起的地方，草木喜阳，向阳而生，故东方属木。

南方气候炎热，具有火的性质，故南方属火。

西方是太阳落山的方位，落山之后没有阳光，不宜草木生长，寓意木在西方被克制，故西方属金。

北方的气候十分寒冷，导致水会结冰，成为聚水之地，故北方属水。

中方处东西南北之中间，乃支撑金木水火之基石，性中厚，故中方属土。

由此可知，五行属性与地理位置有关。由于中国传统文化产生于位于北半球的中华大地，所以五个方位的五行属性与北半球关联。如果是南半球的国家，五行属性与方位的对应关系不同于北半球的国家。例如，在北半球，南方的气候炎热，故南方的五行属性为火；北方气候寒冷，故北方的五行属性为水。而在南半球，则是北方的气候炎热，故北方的五行属性为火；南方的气候寒冷，故南方的五行属性为水。

因此，如果要将中国传统文化各个领域的理论体系在南半球应用，就需要对各个理论体系中与方位有关规则（例如五行属性与方位的对应关系）进行调整。

2. 十天干的五行属性和方位

在《史记·律书》中对这个问题有比较详细的解释。古人认为天干的运行与太阳有关，太阳的作用使得大地上的万物经历了从萌芽发育、生长壮大、成熟收获，直至衰老死亡的过程。根据现代科学的观点，太阳所产生的"光合作用"对植物的生长是必不可少的。所以在《史记·律书》中将与太阳有关的十天干称为"十母"，与大地有关的十二地支称为"十二子"。

东方属木，在十个天干中，《史记·律书》云："甲者，为万物剖符甲而出也；乙者，言万物生轧轧也。"即，甲表示草木的萌芽生发状态，乙表示草木生长成形状态。所以，甲和乙位于东方，五行属性为木。而且，甲为阳木，乙为阴木。

南方属火，在十个天干中，《史记·律书》云："丙者，言阳道著明，故曰丙；丁者，言万物之丁壮也，故曰丁。"丙和丁的特性是：丙是代表火的元素，丁是代表成形的火。所以丙和丁位于南方，五行属性为火。而且，丙为阳火，丁为阴火。

西方属金，木在西方被克制。《史记·律书》云："庚者，言阴气庚万物，故曰庚；辛者，言万物之辛生，故曰辛。"所以庚和辛位于西方，五行属性为金。而且，庚为阳金，辛为阴金。

北方属水，在寒冷的北方水会结冰，不易损耗，乃聚水之地，将成为滋养万物的源泉。《史记·律书》云："壬之为言任也，言阳气任养万物于下也。癸之为言揆也，言万物可揆度，故曰癸。"所以壬和癸位于北方，五行属性为水。而且，壬为阳水，癸为阴水。

土乃支撑金、木、水、火之载体。所谓五行，是指金、木、水、火、土五类属性的运行、相生和转化。五个行是依序变化的，例如，南方属火，西方属金，火生土需要一个过渡，然后才能有土生金。由于金、木、水、火分别占据了西、东、北、南四个方位，所以这个过渡之土位于西、东、北、南之外的中间方位。在十天干中，金对应于庚和辛、木对应于甲和乙、水对应于壬和癸、火对应于丙和丁，所以戊和己对应的五行属性为土，位于中方。而且，戊为阳土，己未阴土。①

五行的方位和相生关系如图1所示。

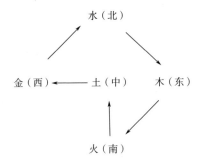

图1 五行方位和相生图（图中箭头表示相生关系）

表1 十天干阴阳五行属性排列表

序号	1	2	3	4	5	6	7	8	9	10
天干	甲	乙	丙	丁	戊	己	庚	辛	壬	癸
阴阳属性	阳木	阴木	阳火	阴火	阳土	阴土	阳金	阴金	阳水	阴水

3. 十二地支的五行属性和方位

十二地支既与中国的十二生肖相对应，还具有阴阳五行属性和方位属性：

子（鼠）属阳水，位于北方。

亥（猪）属阴水，位于北方。

寅（虎）属阳木，位于东方。

卯（兔）属阴木，位于东方。

巳（蛇）属阴火，位于南方。

午（马）属阳火，位于南方。

申（猴）属阳金，位于西方。

酉（鸡）属阴金，位于西方。

---

① 在《史记·律书》中没有对戊、己的方位和五行属性的具体论述，只是阐述结论。

辰（龙）、戌（狗）属阳土，位于中央。

丑（牛）、未（羊）属阴土，位于中央。

十二地支的阴阳属性与十二个地支排列的序号对应，序号为奇数者属性为阳，序号为偶数者属性为阴。

表2　十二地支阴阳五行属性排列表

序号	1	2	3	4	5	6	7	8	9	10	11	12
地支	子	丑	寅	卯	辰	巳	午	未	申	酉	戌	亥
阴阳属性	阳水	阴土	阳木	阴木	阳土	阴火	阳火	阴土	阳金	阴金	阳土	阴水

表3　天干地支和八卦阴阳五行属性

五行	木		火		土		金		水	
阴阳	阳木	阴木	阳火	阴火	阳土	阴土	阳金	阴金	阳水	阴水
天干	甲	乙	丙	丁	戊	己	庚	辛	壬	癸
地支	寅	卯	午	巳	辰、戌	丑、未	申	酉	子	亥
八卦	震	巽	离	艮	坤	乾	兑		坎	

五、天干地支的合化

天干和地支被赋予五行属性后，并不是简单地给这二十二个汉字冠以五行属性，而是在天干地支有了五行属性之后，它们就与季节、方位联系了起来。而且，在天干地支的相互关系中也体现了五行之间的相生相克等关系。

除了相生相克关系，十天干之间还有一种合化的关系。同样，十二地支之间也有合化的关系。这种合化关系无论是在命理学还是在五运六气中都有非常重要的应用。

（一）十天干合化

十天干合化的基本原则是，阴阳相合。排序为奇数的阳性天干与排序为偶数的阴性天干组成合化。表1中序号1—5的五个天干甲、乙、丙、丁、戊，与序号6—10的五个天干己、庚、辛、壬、癸两两成对合化。详见表4。

表4　十天干合化

天干序号	1　6	2　7	3　8	4　9	5　10
天干	甲　己	乙　庚	丙　辛	丁　壬	戊　癸
合化	合化土	合化金	合化水	合化木	合化火

即，甲己合化土、乙庚合化金、丙辛合化水、丁壬合化木、戊癸合化火。

由此引出了一个值得思考的问题：为什么两个五行属性不同的天干组合会化出另一个五行属性？关于天干合化，许多人都在运用，但思考为什么是这样的合化的人不多。例如，为什么甲和己合化为土，而不是合化为其他行？下面是可以找到的古人对这个问题的三种解释。

1. 解释之一

（1）甲己合化土

甲为阳木，己为阴土，这是阳木和阴土的组合。甲己合化的过程为木上土下，阳木是具有活力之木，阴土为死寂之土。即在上之木是有生命之木，有保护水土之力，所以木下之土为不易流失之土。构成了土上生长的活木——稼穑的物象。古语云："叶落归根。"即是说，土上之木岁岁枯荣，最终枯落下来的枝和叶会渐渐腐化为土。所以"甲己合化土"实际上是对自然现象的客观真实的描述。这个过程的核心是"木上土下"。

（2）乙庚合化金

乙为阴木，庚为阳金，这是阳金和阴木的组合。乙庚合化的过程为金上木下。阳金是具有活力之金，阴木为死寂之木。此木被具有活力之金克制。典型的例子是自然界里的煤炭，由于熔岩覆盖了森林，又历经千万年不停息的沉积活动，于是地下之木会转化为石——即金之母。所以"乙庚合化金"实际上也是对自然现象的客观真实的描述。这个过程的核心是"金上木下"。

（3）丙辛合化水

丙为阳火，辛为阴金，这是阳火和阴金的组合。丙辛合化的过程为火上金下。阳火是具有活力之火，阴金为死寂之金。此金被具有活力之火克制。而含有金属的岩石在高温之下会熔化成为液态（水）。而且只要达到一定的温度，各种物质都会被熔化，如铁水、铜水等。所以"丙辛合化水"

实际上也是对自然现象的客观真实的描述。这个过程的核心是"火上金下"。

（4）丁壬合化木

丁为阴火，壬为阳水，这是阳水和阴火的组合。丁壬合化的过程为水上火下。阳水是具有活力之水，阴火为死寂之火。阳水具有活力和流动之象，阴火则具有不动之象。不动的阴火衍生出土，土能承载植物的种子，再加上具有活力的水，必然利于植物的繁衍生息。所以"丁壬合化"实际上也是对自然现象的客观真实的描述。由于有繁衍生息的效果，所以这种合化也称为"淫合"。这个过程的核心是"水上火下"。

（5）戊癸合化火

戊为阳土，癸为阴水，这是阳土和阴水的组合。戊癸合化的过程为土上水下。阳土是具有活力之土，阴水为死寂之水。此水被土克制，土动水静。在自然界里的火山就是这种状况：土下面是液体状的熔岩浆。由于深埋土下，成为寂水。但是岩浆并不是绝对静止的，一旦条件成熟，岩浆就会冲破上面的土，形成火山爆发。所以"戊癸合化"实际上也是对自然现象的客观真实的描述。这个过程的核心是"土上水下"。

还有一种与此关联的解释，即"五行胜负化运说"：

甲己合化土，甲为阳木、己为阴土。木本克土，但一胜之下，必有一负，阳木亢则害，气过胜则怯；而土为万物之母，木非土不荣，故阳木（甲）从阴土（己）化出。

乙庚合化金，乙为阴木，庚为阳金，金本克木，故木（阴木乙）从其所不胜。

丙辛合化水，丙为阳火，辛为阴金，不足之阴金（辛）遇到有余之阳火（丙），则化出水。

丁壬合化木，丁为阴火，壬为阳水，水本克火，不足之阴火（丁）为有余之阳水（壬）所淹；水本生木，水为木生而竭尽其力，故阳水化出木。

戊癸合化火，戊为阳土，癸为阴水，土本克水，不足之阴水（癸）遇有余之阳土（戊），则水枯土燥而化出火。

2. 解释之二

解释十天干化五运的依据是"甲子纪月"和"岁首天干相生化运说"。

《素问·运气论奥·论五音建运》云："丙者火之阳，建于甲己岁之首，正月建丙寅，丙火生土，故甲己为土运。戊者土之阳，建于乙庚岁之首，正月建戊寅，戊土生金，故乙庚为金运。庚者金之阳，建于丙辛岁之首，正月建庚寅，庚金生水，故丙辛为水运。甲者木之阳，建于戊癸岁之首，正月建甲寅，甲木生火，故戊癸为火运。壬者水之阳，建于丁壬岁之首，正月建壬寅，壬水生木，故丁壬为木运。"

这种解释的核心是，凡天干为甲或己的年份，正月的月干支是丙寅，而丙属火，然后火生土。所以得出甲己合化土的结论。其余类推。

《运气歌》归纳为：

"甲己丙为寅，余年更酌斟。乙庚当起戊，丙辛庚上寻。戊癸先生甲，丁壬复建壬。"

所谓"甲子纪月"是指，一年有十二个月，以地支来纪月。十一月开始为子，依次相配，则十二月为丑，正月为寅，二月为卯，三月为辰，四月为巳，五月为午，六月为未，七月为申，八月为酉，九月为戌，十月为亥。以上每个月的地支是固定不变的。而天干与月份虽也是依次相配，但因天干数为十，而月数为十二，故每个月的天干并非固定不变。

所谓"岁首天干相生化运说"是指，按前一年十一月的月建的阳干按五行相生规律进行推演而化为运气的。分别说明如下：

（1）逢甲年或己年，根据"甲子纪月"的规则，以前一年十一月的干支甲子为起点（前一年十二月干支为乙丑），故当年正月干支为丙寅，因丙为阳火，火能生土，所以甲己化土运。

（2）逢乙年或庚年，根据"乙庚起丙子"的规则，以前一年十一月的干支丙子为起点（前一年十二月干支为丁丑），故当年正月干支为戊寅，因戊为阳土，土能生金，所以乙庚化金运。

（3）逢丙年或辛年，根据"丙辛起戊子"的规则，以前一年十一月的干支戊子为起点（前一年十二月干支为己丑），故当年正月首建庚寅，因庚为阳金，金能生水，所以丙辛化水运。

（4）逢丁年或壬年，根据"丁壬起庚子"的规则，以前一年十一月的干支庚子为起点（前一年十二月干支为辛丑），故当年正月首建壬寅，因壬为阳水，水能生木，故丁壬化木运。

（5）逢戊年或癸年，根据"戊癸起壬子"的规则，以前一年十一月的干支壬子为起点（前一年十二月干支为癸丑），故当年正月首建甲寅，因甲为阳木，木能生火，所以戊癸化火运。

这个解释又称为"岁首天干相生化运说"。

甲子纪月的依据是"五虎遁月诀"（详细论述见第二章"四柱基本概念"），列表如下：

表5　甲子纪月表

年干	甲、己	乙、庚	丙、辛	丁、壬	戊、癸
上一年十一月	甲子	丙子	戊子	庚子	壬子
上一年十二月	乙丑	丁丑	己丑	辛丑	癸丑
当年正月	丙寅	戊寅	庚寅	壬寅	甲寅
当年二月	丁卯	己卯	辛卯	癸卯	乙卯
当年三月	戊辰	庚辰	壬辰	甲辰	丙辰
当年四月	己巳	辛巳	癸巳	乙巳	丁巳
当年五月	庚午	壬午	甲午	丙午	戊午
当年六月	辛未	癸未	乙未	丁未	己未
当年七月	壬申	甲申	丙申	戊申	庚申
当年八月	癸酉	乙酉	丁酉	己酉	辛酉
当年九月	甲戌	丙戌	戊戌	庚戌	壬戌
当年十月	乙亥	丁亥	己亥	辛亥	癸亥
当年十一月	丙子	戊子	庚子	壬子	甲子
当年十二月	丁丑	己丑	辛丑	癸丑	乙丑

3. 解释之三

第三种解释是依据"五气经天化运说"。五气经天是古代先贤外观天象、内观体内，得出了天上有青、赤、黄、白、黑五色运气横亘天空的结论，称为丹天、黅天、苍天、素天、玄天五天，统称为五天五气或五气经天。

《素问》"五气经天化运说"的具体内容是：根据古代传说，在观察天象过程中曾观察到有五种色气经趋太空而临及东西南北二十八宿中的有关星度，即《素问·五运行大论》（第六十七篇）所云："丹天之气，经于牛、女戊分；黅（jīn）天之气，经于心、尾己分；苍天之气，经于危、室、柳、鬼；素天之气，经于亢、氐、昴（mǎo）、毕；玄天之气，经于张、翼、娄、胃。

所谓戊己分者，奎、壁、角、轸，则天地之门户也。夫候之所始，道之所生，不可不通也。"

"丹天之气，经于牛、女戊分"：丹者，红色也，是说在观察天象时见有丹天之火气越过牛、女、奎、壁四宿之上而下临戊癸方位，故戊癸应为火运。

"黅天之气，经于心、尾己分"：黅者，黄色也，是说在观察天象时见有新天之土气越过心、尾、角、轸四宿之上而下临甲己方位，故甲己应为土运。

"苍天之气，经于危、室、柳、鬼"：苍者，青色也，是说在观察天象时见有苍天之木气越过危、室、柳、鬼四宿之上而下临丁壬方位，故丁壬应为木运。

"素天之气，经于亢、氐、昴、毕"：素者，白色也，是说在观察天象时见有素天之金气越过亢、氐、昴、毕四宿之上而下临乙庚方位，故乙庚应为金运。

"玄天之气，经于张、翼、娄、胃"：玄者，黑色也，是说在观察天象时见有玄天之水气越过张、翼、娄、胃四宿之上而下临丙辛方位，故丙辛应为水运。

由于自古以来传统文化领域中许多东西没有什么统一的依据和标准，所以上述三种解释是从不同的依据推理而得，无法得出一个"非此即彼"的所谓的标准解释。不能武断地说一种解释正确，另外两种解释不正确。

（二）十二地支合化

十二地支的六合是：

子丑相合、寅亥相合、卯戌相合、辰酉相合、巳申相合、午未相合。

十二地支的三合局是：

寅午戌合火局，亥卯未合木局，申子辰合水局，巳酉丑合金局。

在十天干合化中将两个天干与一个地支一并考虑合出的五行属性（尤其是上面的第二种解释），请注意十二个地支中三个地支能合出一个五行局（三合），而十二个地支中每两个地支相合的六合是没有合出五行局的，所以只有六合，没有六合局之说。

第二节 六十纳音

六十纳音是"六十甲子纳音"的简称。中国古代的音律包括：五音（宫、商、角、徵、羽）和十二律（黄钟、太簇、姑洗、蕤宾、夷则、无射、大吕、夹钟、仲吕、林钟、南吕、应钟）。五音和十二律按照奇对奇、偶对偶的规则可以组合成六十个音。（有兴趣的读者可以查阅宋代大科学家沈括的《梦溪笔谈·乐律一》和清代大学者钱大昕的《纳音说》。）纳音这个名词来源于《洪范五行》和汉代儒学家董仲舒的《五行之序》，是古代中国玄学的专用术语。六十甲子，最初是黄帝命大桡制定的用于记载年月日时的一套纪年规则，后来战国时期的鬼谷子给六十甲子赋予了纳音的内涵，于是成为流传至今的六十甲子纳音。

表6 六十甲子纳音

五行	干 支		五行	干 支		五行	干 支		五行
金	甲子	乙丑	海中金	壬寅	癸卯	金箔金	庚辰	辛巳	白蜡金
	甲午	乙未	沙中金	壬申	癸酉	剑锋金	庚戌	辛亥	钗钏金
水	丙子	丁丑	涧下水	甲寅	乙卯	大溪水	壬辰	癸巳	长流水
	丙午	丁未	天河水	甲申	乙酉	泉中水	壬戌	癸亥	大海水
火	戊子	己丑	霹雳火	丙寅	丁卯	炉中火	甲辰	乙巳	佛灯火
	戊午	己未	天上火	丙申	丁酉	山下火	甲戌	乙亥	山头火
土	庚子	辛丑	壁上土	戊寅	己卯	城墙土	丙辰	丁巳	沙中土
	庚午	辛未	路旁土	戊申	己酉	大驿土	丙戌	丁亥	屋上土
木	壬子	癸丑	桑拓木	庚寅	辛卯	松柏木	戊辰	己巳	大林木
	壬午	癸未	杨柳木	庚申	辛酉	石榴木	戊戌	己亥	平地木

由于六十纳音与四柱推命术密不可分，因此融合了四柱推命术和五运六气的四五六之学在推算一个人的健康状况时也需要用到六十纳音。

六十纳音有两个要素：纳音和五行属性。

1. 纳音

纳音者，即指古代的音律宫、商、角、徵、羽五音。而五音的起源是河图。

在五音中宫、商、角为实体，徵为建立在别的物质之上而产生的，有徵才有羽，故而宫、商、角为基准之音，徵、羽为化音。在与六十甲子的配合中，五音中基准音以地支分别起音，再配合天干之声产生六律，从而形成律吕。其对应关系是：

$$甲 \quad 丙 \quad 戊 \quad 庚 \quad 壬 \qquad 子 \quad 寅 \quad 辰 \quad 午 \quad 申 \quad 戌$$
$$乙 \quad 丁 \quad 己 \quad 辛 \quad 癸 \qquad 丑 \quad 卯 \quad 巳 \quad 未 \quad 酉 \quad 亥$$
$$宫 \quad 商 \quad 角 \quad 徵 \quad 羽 \qquad 宫 \quad 商 \quad 角 \quad 宫 \quad 商 \quad 角$$

2. 纳音的五行属性

宫、商、角、徵、羽五音具有各自都有的五行属性。十天干和十二地支也具有各自都有的五行属性。十天干和十二地支按照奇配奇、偶配偶的规则组合出了六十对组合，它们是四柱的六十个元素。在天干和地支两两组合后，它们的五行属性发生了变化，与组合中天干和地支各自的五行属性并不相同。列表如下：

表7 六十甲子五行属性分类

五行属性		天干地支
金	海中金	甲子、乙丑
	金箔金	壬寅、癸卯
	白蜡金	庚辰、辛巳
	沙中金	甲午、乙未
	剑锋金	壬申、癸酉
	钗钏金	庚戌、辛亥
水	涧下水	丙子、丁丑
	大溪水	甲寅、乙卯
	长流水	壬辰、癸巳
	天河水	丙午、丁未
	泉中水	甲申、乙酉
	大海水	壬戌、癸亥
火	霹雳火	戊子、己丑
	炉中火	丙寅、丁卯
	佛灯火	甲辰、乙巳
	天上火	戊午、己未
	山下火	丙申、丁酉
	山头火	甲戌、乙亥

续表

五行属性		天干地支
土	壁上土	庚子、辛丑
	城墙土	戊寅、己卯
	沙中土	丙辰、丁巳
	路旁土	庚午、辛未
	大驿土	戊申、己酉
	屋上土	丙戌、丁亥
木	桑拓木	壬子、癸丑
	松柏木	庚寅、辛卯
	大林木	戊辰、己巳
	杨柳木	壬午、癸未
	石榴木	庚申、辛酉
	平地木	戊戌、己亥

从表中可见，五行金、木、水、火、土又分为六种类型，一共有5×6=30种。每一种类型具有各自的含义。

甲子、乙丑海中金：海里的金子。沉在海底，其闪光点不为人知。说明此人有内秀才华，但是由于种种原因藏而不露，不为人知。城府较深。

丙寅、丁卯炉中火：炉子里的火，说明这个人很热情、积极。

戊辰、己巳大林木：树林中的树，这种树讲的是团结、集体、包容。

庚午、辛未路旁土：路边上的土，这种土看着来往路上的潮流与动向，但它本身不在道上。有不走正路、追求时尚的意思。

壬申、癸酉剑锋金：剑尖剑刃上的金，刚强、锋利，也易得罪人。

甲戌、乙亥山头火：山头火预示火很大，而且很难救。为人脾气火暴，难以相劝。

丙子、丁丑涧下水：瀑布之下的那种借势冲下来的水，喻为做事遵守规则。

戊寅、己卯城墙土：这种土很厚，擅长防守，也有固执之意。

庚辰、辛巳白蜡金：珍贵、娇气、勇于奉献。

壬午、癸未杨柳木：随风倒、顺势借力的性格。

甲申、乙酉泉中水：泉中水是大家都可以直接喝的水，是为他人考虑的水。不像大河水之类的，无法直接饮用。喻为心胸宽广、坦荡、可交。日柱是甲申或乙酉的人，办事透亮、无私，事都摆在明面上。收入、家庭等别人看似隐私的东西也都较容易明示他人，毫不隐讳。

丙戌、丁亥屋上土：这种土站得高看得远，有思想有远见，但不太踏实。

戊子、己丑霹雳火：暴躁、急性子、办事快。

庚寅、辛卯松柏木：直、阳光、健康。

壬辰、癸巳长流水：有耐性，能坚持。

甲午、乙未沙中金：高贵、内向，因为沙里藏金。

丙申、丁酉山下火：性格冲动，但冲动过后就很快平复了。这种火易救。这种人一般不记仇，事过即了。

戊戌、己亥平地木：求稳、胆小。

庚子、辛丑壁上土：墙壁的土，有个成语就是作壁上观，意思是独立、不合群。置身事外。

壬寅、癸卯金箔金：金箔金是最纯的金，好人好心。

甲辰、乙巳佛灯火（又叫覆灯火）：也叫灯芯火。孤僻、信佛。

丙午、丁未天河水：好动，有点不着调。

戊申、己酉大驿土：路上的土，也就是一直在道上的土。这种人一般都很有正事，但是常年在外，或出差或倒班。已婚者易离婚或婚外恋。

庚戌、辛亥钗钏金：就是女人的发钗、簪子，以及名贵的金属。钗钏金代表娇贵。

壬子、癸丑桑拓木：桑拓木就是桑树和拓树。性格朴实，生育能力强。

甲寅、乙卯大溪水：大河水。就是江湖好汉那种性格，大口吃肉、大碗喝酒，粗犷豪放。无论男女都是这样。

丙辰、丁巳沙中土：沙中还有土，这是两种性格，两种命运融为一体。软硬一体。

戊午、己未天上火：热情奔放。

庚申、辛酉石榴木：做事无节制，控制不住速度。

壬戌、癸亥大海水：包容但不冷静。

第三节　阴阳理论

阴阳是中国最古老的哲学范畴之一，它起源于氏族社会人类对自身和自然界物象的观察，即起源于中国古人的自然观。古人观察了各种自然现象，以及生活中各种对立的人和事，诸如：天地、日月、昼夜、寒暑、男女、上下，等等，归纳出"阴阳"的概念。西周春秋时期，形成了具有自然哲学性质的阴阳二气说，从战国中后期至汉代，阴阳理论沿着朴素辩证法的阴阳观念和宗法伦理化的阴阳观念两条线索发展，形成了二元化的阴阳理论。它们是一组相对的概念，阴和阳既相互对立，又相互依存。即阴阳虽然相对立，但是缺一不可。如果没有阴，也就没有阳；如果没有阳，也就没有阴。数千年来，阴阳理论和五行理论已经渗透到中国传统文化的几乎所有领域，包括宗教、哲学、历法、中医、书法、建筑、堪舆、占卜、武术，等等。

阴阳理论体系包括：阴阳对立、阴阳互根、阴阳消长、阴阳转化这四个方面的内容。

阴阳对立认为，世间一切事物都有相互对立的阴、阳两个方面，它们相互抑制、相互约束，以维持一个动态的平衡。

阴阳互根认为，阴和阳的关系犹如一张纸的两个面，无论哪一方都不可能脱离另一方而独立存在，都需要依靠另一方作为其存在的依据。《道德经》云："孤阴不生，独阳不长""无阳则阴无以生，无阴则阳无以化"。

阴阳消长认为，阴阳之间的相互抑制和相互约束并不是一成不变的，而是始终在此消彼长的动态变化过程中实现一种动态平衡。也就是说，消长变化是绝对的，动态平衡则是相对的，这就是所谓的阴阳"消长平衡"。

阴阳转化认为，阴阳双方在一定的条件下还可以互相转化。在阴阳消长的量变达到一定程度时就会发生质变：阴转阳或阳转阴。也就是说，阴阳消长是阴阳转化的前提，而阴阳转化则是阴阳消长发展的结果。阴和阳发生转化的原因是阴阳的"互藏互寓"。即阴中有阳，阳中有阴，所以二者才会转化。

但是有一点需要强调，并不是所有配对的阴和阳都会相互转化。例如男人和女人这一对阴阳，男人和女人都不可能自然地变性，既不可能阴阳消长，更不会发生阴阳转化。又如，太阳和月亮毫无疑问是一对阴阳，但是太阳不可能转化为月亮，月亮也不可能转化为太阳。

阴阳消长和阴阳转化最典型的例子是气候变化，每年的夏至和冬至就是自然界阴阳转化的转折点。

第四节　四季、节气、时辰

在中国传统文化中几乎所有领域的理论体系和元素都具有时空特性。四五六之学也毫不例外地具有时空特性。前面介绍了四五六之学的主要基本元素：五行、阴阳、天干地支等都具有方位的空间特性。同样，五行和阴阳也具有时间特性。主要体现在五行、阴阳、天干地支等元素与一年四季、十二个月份、二十四节气、每天的十二个时辰都密不可分。如果没有时间特性，一个人的四柱（生辰八字）就毫无意义。

一、四季和节气

古今中外的历法都将一年分为四季、十二个月，这是由于中外的天文学家都是依据观察到的太阳黄道运行规律来排历法的。出于同一个源头，所以必然殊途同归。中国的历法相传始于夏朝，所以又称为"夏历"。又因为当时是农耕社会，历法是服务于农业耕作的，也称为"农历"。国外流行的历法被称为公历。中国的历法又称为"阴历"（有月亮文化的因素），国外的历法称为"阳历"（与崇拜太阳神有关）。但是，中国古代的天文学家根据当时中国是农耕社会的需求，在历法中增加了"二十四节气"，这是中国历法独有的亮点，国外历法中没有"节气"这个元素。节气这个概念在五运六气中非常重要。

二十四个节气分别为：

立春、雨水、惊蛰、春分、清明、谷雨、立夏、小满、芒种、夏至、小暑、大暑、立秋、处暑、白露、秋分、寒露、霜降、立冬、小雪、大雪、冬至、小寒、大寒。

二十四节气又分为十二节令和十二中气，节令与中气合称为"节气"，见下表。

表8　二十四节气

四季	月份	二十四节气		阴阳五行属性
		十二节令	十二中气	
春季	一	立春	雨水	阳木
	二	惊蛰	春分	阴木
	三	清明	谷雨	木气向火气转换
夏季	四	立夏	小满	阴火
	五	芒种	夏至	阳火
	六	小暑	大暑	火气向土气转换，再向金气转换
秋季	七	立秋	处暑	阳金
	八	白露	秋分	阴金
	九	寒露	霜降	金气向水气转换
冬季	十	立冬	小雪	阴水
	十一	大雪	冬至	阳水
	十二	小寒	大寒	水气向木气转换

二、十二时辰

中国古代的先贤根据日出日落的变化规律，使用日晷，依据十二个地支将一天划分为子时、丑时、寅时、卯时、辰时、巳时、午时、未时、申时、酉时、戌时、亥时共十二个时辰。由于这十二个时辰计时法与从西方传入中国的二十四小时计时法都是以日出日落的规律划分的，所以二者殊途同归，是相对应的。

表9　两种计时法对照

时辰	现代计时法	时辰	现代计时法	时辰	现代计时法
子时	23：00—1：00	辰时	7：00—9：00	申时	15：00—17：00
丑时	1：00—3：00	巳时	9：00—11：00	酉时	17：00—19：00
寅时	3：00—5：00	午时	11：00—13：00	戌时	19：00—21：00
卯时	5：00—7：00	未时	13：00—15：00	亥时	21：00—23：00

第二章　四柱基本概念

第一节　什么是四柱推命术

"四柱推命术"融合了易经、阴阳五行、天文星象学等多种理论，是一套完整的术数理论。它最早起源于汉朝，历经隋唐等多位术士的整理和归纳。

目前可以见到的资料证明"四柱八字"是由唐朝的殿中侍御史李虚中创立的，李虚中是宫廷中掌握此秘传之术的御用专家。

到了宋代，再经由徐子平（徐居易）修订，他撰写的《渊海子平》成为四柱推命术的开山奠基之作，并最终形成完整的理论体系，成为至今还在社会上流传的四柱推命术。研究此学问的理论称为"子平四柱推命术"，它是命理学领域中主要学派之一。

第二节　如何排四柱

所谓"四柱"就是通常所说的"八字"。是用十个天干和十二个地支的四个组合（一共八个字，所以又称为八字）来表述一个人出生的年、月、日和时辰。表述年的天干地支两个字称为年柱，表述月份的天干地支两个字称为月柱，表述日子的天干地支两个字称为日柱，表述时辰的天干地支两个字称为时柱，合称"四柱"。例如，某男孩生于公历 2021 年 4 月 20 日 8 时 30 分，农历为三月初九。按照排八字的规则，此男孩的八字是：辛丑、壬辰、戊戌、丙辰。其中，辛丑是年柱、壬辰是月柱、戊戌是日柱、丙辰是时柱。这个男孩的四柱中四个天干和四个地支都具有五行属性，于是可以从四柱推算他的先天体质，再参照五行在一年四季中运行、转化而产生的五运六气，可以推算他的后天健康状况。这就是四五六之学的核心内容。

下面是排一个人的四柱（八字）的规则和方法，在许多四柱推命术的专业书籍中也都可以查到。在排八字的时候都要用到万年历，也称为老黄历。

一、排年柱

组成年柱的天干称为年干，地支称为年支。

需要注意的是，在命理学中，每一年的起始点不是该年的正月初一，而是二十四节气中的立春时刻。例如，2019 年是己亥年，2020 年是庚子年。2020 年的正月初一是公历 1 月 25 日，立春节是 2 月 4 日。所以 2020 年 1 月 25 日至 2 月 3 日虽然已经在正月了，但这十天的年柱不是庚子，而是己亥。从 2 月 4 日立春后，年柱才是庚子。

如果手头有一本万年历，就很容易知道每一年的年柱是什么（当然要分清立春的前后）。

如果没有现成的万年历，可以按照下面的算法根据某一年的公元纪年数快速推算出该年的年柱。

首先要熟悉天干和地支的排列序数，见表 10。

表 10　天干地支排列序数

天干	甲	乙	丙	丁	戊	己	庚	辛	壬	癸		
序数	1	2	3	4	5	6	7	8	9	10		
地支	子	丑	寅	卯	辰	巳	午	未	申	酉	戌	亥
序数	1	2	3	4	5	6	7	8	9	10	11	12

1. 天干算法：用公元纪年数减 3，除以 10 所得余数，就是天干所对应的位数。如果被 10 除尽，余数为 0，则取 10（对应于癸）。

2. 地支算法：用公元纪年数减 3，除以 12 所得余数，就是地支所对应的位数。如果被 12 除尽，余数为 0，则取 12（对应于亥）。

例 1：1966 年。

1966−3 = 1963，1963 除以 10，余数为 3，取 3 对应的天干丙，即 1966 年的年天干为丙。

1966−3 = 1963，1963 除以 12，余数为 7，取 7 对应的地支午，即 1966 年的年地支为午。

于是得到 1966 年的年柱是丙午。

例 2：1953 年。

1953−3 = 1950， 1950 除以 10，被 10 除尽，余数为 0，取 10 对应的天干癸，即 1953 年的年天干为癸。

1953−3 = 1950，1950 除以 12，余数为 6，取 6 对应的地支巳，即 1953 年的年地支为巳。

于是得到 1953 年的年柱是癸巳。

例 3：1923 年。

1923−3 = 1920，1920 除以 10，被 10 除尽，余数为 0，取 10 对应的天干癸，即 1923 年的年天干为癸。

1923−3 = 1920，1920 除以 12，被 12 除尽，余数为 0，取 12 对应的地支亥，即 1923 年的年地支为亥。

于是得到 1923 年的年柱是癸亥。

二、排月柱

需注意的是，在命理学中上一个月与下一个月的分界点不是农历每月初一，而是以节令为准的，即每一个月的起点不是该月的初一，而是依据二十四节气中的十二个"节"来确定，见表11。

表11 二十四节气

月	节	气
正月	立春	雨水
二月	惊蛰	春分
三月（春月）	清明	谷雨
四月	立夏	小满
五月	芒种	夏至
六月（夏月）	小暑	大暑
七月	立秋	处暑
八月	白露	秋分
九月（秋月）	寒露	霜降
十月	立冬	小雪
十一月（冬月）	大雪	冬至
十二月（腊月）	小寒	大寒

月柱由天干和地支组成，其中的天干称为月干，地支称为月支。前面介绍过，按照农历的历法，每个月的地支是固定不变的，见表12。

表12 月支表

季节	月	月支
春季	正月	寅
	二月	卯
	三月	辰
夏季	四月	巳
	五月	午
	六月	未
秋季	七月	申
	八月	酉
	九月	戌
冬季	十月	亥
	十一月	子
	十二月	丑

每一个月的月干可以依据"五虎遁月诀"来确定。之所以用"虎"的原因是每年的第一个月的地支是寅，而寅与十二生肖中的虎对应。

甲己之年丙作首，乙庚之年戊为头。

丙辛之岁寻庚土，丁壬壬寅顺水流。

若问戊癸何处起，甲寅之上好追求。

具体用法是：凡年干为甲和己之年，正月的天干为丙，二月的天干为丁……；凡年干为乙和庚之年，正月的天干为戊，二月的天干为己……；以此类推。参见表5甲子纪月表，或者直接查万年历得到月柱。为方便使用，列表如下（见表13）。

表 13　根据年干查月干支表

年干	甲、己	乙、庚	丙、辛	丁、壬	戊、癸
正月	丙寅	戊寅	庚寅	壬寅	甲寅
二月	丁卯	己卯	辛卯	癸卯	乙卯
三月	戊辰	庚辰	壬辰	甲辰	丙辰
四月	己巳	辛巳	癸巳	乙巳	丁巳
五月	庚午	壬午	甲午	丙午	戊午
六月	辛未	癸未	乙未	丁未	己未
七月	壬申	甲申	丙申	戊申	庚申
八月	癸酉	乙酉	丁酉	己酉	辛酉
九月	甲戌	丙戌	戊戌	庚戌	壬戌
十月	乙亥	丁亥	己亥	辛亥	癸亥
十一月	丙子	戊子	庚子	壬子	甲子
十二月	丁丑	己丑	辛丑	癸丑	乙丑

三、排日柱

每天的开始是以前一天的晚上子时12：01（即该日凌晨的00：01）开始，并非前一天的晚上11点开始。于是就有了早子时和晚子时之分。每天晚上11：01开始至晚上12：00为该日的晚子时。而该日的晚上12：01，即后一日的凌晨00：01开始至01：00为后一日的早子时。图示如下：

晚上 11：01—12：00 ¦ 12：01—01：00

前一日晚子时 ¦ 后一日早子时

　　所谓日柱就是用天干地支表述一个人出生的那一天，即日干支。由于每个月的天数不相等，而且还有闰年、闰月的问题，而干支纪日则是按照六十日为一个周期，所以推算日干支的方法非常繁琐，最简单的办法是直接查阅万年历。无论是按照农历还是阳历，出生之日的干支均能查到。

四、排时柱

　　所谓时柱就是用天干地支表述一个人出生的时辰，即时干支。古代采用十二个地支标记每天十二个时辰的计时法，而现代则采用每天二十四个小时的计时法。它们之间的对应关系如下：

　　子时：23:00—凌晨1:00（其中23:00—0:00为前一日的晚子时，0:00—1:00为后一日的早子时）

　　丑时：1:00—3:00　　　寅时：3:00—5:00　　　卯时：5:00—7:00

　　辰时：7:00—9:00　　　巳时：9:00—11:00　　　午时：11:00—13:00

　　未时：13:00—15:00　　申时：15:00—17:00　　酉时：17:00—19:00

　　戌时：19:00—21:00　　亥时：21:00—23:00

　　确定日柱与确定月柱的方法类似：上面的列表说明，每个时辰的地支（时支）都是固定的，关键是确定一个时辰的天干（时干）。前面介绍过，确定月地支是根据年干推算。与之类似，确定时干是根据日干推算的。有一个"五鼠遁日诀"：

甲己还加甲，乙庚丙作初。

丙辛从戊起，丁壬庚子居。

戊癸何方发，壬子是真途。

　　具体用法是：凡日干为甲和己的时辰，子时的时干为甲，则丑时的时干为乙……；凡日干为乙和庚的时辰，子时的时干为丙，丑时的时干为丁……；以此类推。之所以用"鼠"的原因是每天的第一个时辰是子时，而子对应于十二生肖中的鼠。为方便使用，列表如下（见表14）。

表 14 根据日干查时干支表

日干	甲、己	乙、庚	丙、辛	丁、壬	戊、癸
子时	甲子	丙子	戊子	庚子	壬子
丑时	乙丑	丁丑	己丑	辛丑	癸丑
寅时	丙寅	戊寅	庚寅	壬寅	甲寅
卯时	丁卯	己卯	辛卯	癸卯	乙卯
辰时	戊辰	庚辰	壬辰	甲辰	丙辰
巳时	己巳	辛巳	癸巳	乙巳	丁巳
午时	庚午	壬午	甲午	丙午	戊午
未时	辛未	癸未	乙未	丁未	己未
申时	壬申	甲申	丙申	戊申	庚申
酉时	癸酉	乙酉	丁酉	己酉	辛酉
戌时	甲戌	丙戌	戊戌	庚戌	壬戌
亥时	乙亥	丁亥	己亥	辛亥	癸亥

由上可见，在四柱中，月柱中的地支，即月支与十二个月的对应关系是固定不变的，同样，时柱中的时支与十二个时辰的对应关系也是固定不变的。

第三章　五运六气基本概念

"五运六气"是我国古代研究天体运行和五行转化引起环境气候的变化及其对生物、人体生理、病理、发病产生影响的学说。它是建立在阴阳五行、天干地支基础上的一门学说，属于传统医学范畴。五运六气的出现最早可以追溯到《黄帝内经》，它号称是《黄帝内经》中最艰深的部分。其本质是描述在一年四季之中地球的整体生态环境及其对人体健康状况的影响。它也是中医基础理论的重要组成部分。而且，由五运六气衍生出了一门新兴的边缘学科：气象医学。这是专门研究人体疾病与气象关系的学科，日益引起世界医学界的高度重视。实际上，古代已经有了当时的气象医学，在《黄帝内经·素问》中关于运气的七篇大论对气候、物候、人体病候等已经有了相当全面的叙述，这就是"五运六气"学说，简称为"运气学说"。

五运六气的核心内容是以四季和土湿为典型气化特征，即春生、夏长、长夏化、秋收、冬藏，将一年分成五份，称为五步"主运"，分别对应于木（春）、火（夏）、土（长夏）、金（秋）、水（冬）。再将一年中的季风和气候特征分成六份，称为六种"主气"：风气、火气（君火）、暑气（相火）、湿气、燥气、寒气。

"运气"这个词无论是古代还是现代都是常用词。它有多重含义，既是名词又是动词。

在中国传统武术和养生中经常见到"运气"的说法，是指一个人在修炼过程中运转体内的元气。这个"气"在古代也称为"炁"（qì）。例如，张至顺道长在《炁体源流》一书中有详细的论述。武术中的"运气"是动词，指的是运转和吐纳人体内的元气。

运气作为名词则有很多内涵。有针对人生际遇或国家兴衰的，还有针对人体健康状况的，等等。

针对人生和一个国家的际遇的运气也称为命运、国运，是能给人甚至给国家带来好处或坏处的一种力量。诸如：好运、幸运、霉运、坏运、华盖运，等等。这些运的到来往往是随机的，难以预见和由人为控制。其产生的结果可能是预想的，更可能是意外的。

针对人体健康状况的运气是指人的生命运动气化规律。人体的生命运动和健康状况与太阳、月亮和气候变化的规律相关联。五运六气理论或者说"运气学说"的核心就是研究这些规律，并运用这些规律来推算太阳、月亮和气候的变化对人体健康产生的影响。

在《黄帝内经·素问》中有五运八气学说的许多专用术语。诸如：五运、六气、司天、在泉，等等。研究五运六气首先要理解这些术语的内涵，然后融会贯通，才能正确地运用五运六气的推算规则。在五运六气理论中分别细化了对"运"和"气"的研究，由此衍生出许多专用名词。这些专用名词是研究和运用五运六气必须掌握的基本概念，如表 15 所示。

表 15　五运六气术语

运	五运： 金、木、水、火、土	大运（中运）	三阴 三阳
		主运	
		客运	
气	六气： 风、暑、火、 湿、燥、寒	主气	三阴 三阳
		客气	
		客主加临	
		司天	
		在泉	

详细的专用名词将在本章第三节"五运六气术语汇总"中列出。

概括地说，五运是指木、火、土、金、水五行的运行。六气是指太阳寒水、厥阴风木、少阴君火、少阳相火、太阴湿土、阳明燥金六种气的变化。五行之所以能运行，是由于十天干（甲、乙、丙、丁、戊、己、庚、辛、壬、癸）中的阴干和阳干相配合而发生的。六气之所以能化，也是由于十二地支（子、丑、寅、卯、辰、巳、午、未、申、酉、戌、亥）的阴地支和阳地支相配合而发生的。五运有五种：甲己为土运、乙庚为金运、丙辛为水运、丁壬为木运、戊癸为火运。六气有六种：子午为少阴君火、丑未为太阴湿土、寅申为少阳相火、卯酉为阳明燥金、辰戌为太阳寒水、巳亥为厥阴风木。研究运气学说的重点是要搞清楚五行配十天干而为五运，三阴三阳配十二地支而为六气的规则。下面分别论述五运和六气的具体内容。

第一节 五运

所谓"五运"即天文学中所说的五星：金星、木星、水星、火星和土星的运行规律。在五星的运行过程中，五星与地球之间的距离及角度会根据一定的规律不断地发生变化。这些变化会对地球的气候和土壤变化产生很大的影响，从而对人体也会产生影响。这种影响在一年中的五个时段（春、夏、长夏、秋、冬）形成的特征是春生、夏长、长夏化、秋收、冬藏五种状态。五运的具体运用就是用十天干配木、火、土、金、水来解读天地气象的变化规律以及对人体的影响。

五运分为大运、主运和客运。

一、大运

大运又称为中运。大运是指每一年的岁运，根据金、木、水、火、土五行属性有五种大运。每年一种大运，轮流统领每一年（即所谓的"统岁"）。五种运按五行相生顺序根据十天干合化，即甲己合化土、乙庚合化金、丙辛合化水、丁壬合化木、戊癸合化火的规则轮流。所以说，五运是根据年天干而确定的。解释如下：

甲是第一个天干，由于甲己合化土，所以五个大运从土运开始，即，甲己之岁（年天干为甲和己的年份），土运统之。

其次，乙庚合化金，即乙庚之岁（年天干为乙和庚的年份），金运统之。

其三，丙辛合化水，即丙辛之岁（年天干为丙和辛的年份），水运统之。

其四，丁壬合化木，即丁壬之岁（年天干为丁和壬的年份），木运统之。

其五，戊癸合化火，即戊癸之岁（年天干为戊和癸的年份），火运统之（见表16）。

上述规则出自《黄帝内经·素问》中的第六十七篇《五行运大论》的一段论述："余闻五运之数于夫子，夫子之所言，正五气之各主岁尔，首甲定运，余因论之。"鬼臾区曰："土主甲己，金主乙庚，水主丙辛，木主丁壬，火主戊癸。"鬼臾区是黄帝的大臣，可以称之为运气学之祖。学术地位仅次于岐伯。

表 16　天干决定大运

年天干	大运
甲、己	土运
乙、庚	金运
丙、辛	水运
丁、壬	木运
戊、癸	火运

二、主运

主运是指统领一个季节的运，它统领的是一个季节的气候。在五运六气理论中，一年分为春、夏、长夏、秋、冬五个季节。每个季节各有一个运，这就是每个大运之中的五个主运，分别称为初运（对应于春）、二运（对应于夏）、三运（对应于长夏）、四运（对应于秋）和终运（对应于冬）。

特别要强调的是：随着季节的转换，五个主运也在循环转换，而且转换时遵循五行之间相生关系。即：木生火、火生土、土生金、金生水、水生木，按照这个规则循环不息（参见 P013 图 1 "五行方位和相生图"）。而甲是十天干之首，属木，对应于春季。所以每一年的五个主运都是从木运（春季初运）开始的。然后是火运（夏季二运）、土运（长夏三运）、金运（秋季四运）、水运（冬季终运）。

在大运中，由于十天干之首为甲，然后甲己合化土，因此各年的大运从土运开始循环。依次是金运：乙庚合化金（土生金）；水运：丙辛合化水（金生水）；木运：丁壬合化木（水生木）；火运：戊癸合化火（木生火）；然后是下一年的甲己合化土（火生土）。它们循环的顺序遵循土生金、金生水、水生木、木生火、火生土的五行相生规则。

而每个季节的主运则不然，是从每个季节的五行属性起始。因为每年的季节从春季开始，春季属木，对应于木运。所以每年的主运是从木运开始。然后依次为属火的夏季（木生火），对应于火运；属土的长夏，对应于土运（火生土）；属金的秋季，对应于金运（土生金）；属水的冬季，对应于水运（金生水）。

不难看出，每一年之中四季的主运循环也都遵循五行相生规则。主运与大运的差异是起点不同：大运从土运开始（甲己合化土），土运对应的年份是变化的；而每年的五个主运都是从春季木运开始的，是固定不变的。

在中国传统历法中，季节的循环更迭是依据反映阴阳转化的二十四节气进行的。每年的五个主运排列顺序如下：

初运（对应于春季）为木，从大寒日开始进入初运，这是因为大寒是阴尽阳生之日，草木从此开始萌生，所以初运属木。如果初运太过，则气候为风；如果初运不及，则气候为燥（因为燥金克风木），也就是所谓的"不及则克己之气反胜"。

二运（对应于夏季）为火，这是因为初运的木生火：从春分后13日开始，火运主夏。若火运太过，则气候为热；若不及，则气候为寒（因为寒水克热火）。

三运（对应于长夏）为土，这是因为二运的火生土：由芒种后10日开始，土运主长夏。若土运太过，则气候为湿；若不及，则气候为风（因为风木克湿土）。

四运（对应于秋季）为金，这是因为三运的土生金：由处暑后7日开始，金运主秋。若金运太过，则气候为燥；若不及，则气候为热（因为热火克燥金）。

终运（对应于冬季）为水，这是因为四运的金生水：由立冬后4日开始，水运主冬。若水运太过，则气候为寒；若不及，则气候为湿（因为湿土克寒水）。

前面用到了"太过"和"不及"的概念，什么是太过与不及？在介绍这两个概念之前，首先要了解五运中的大运、主运、客运的作用：

主岁，即大运主管一年。

主时，即主运主管五季：春、夏、长夏、秋、冬。

不定时，也主管五季，但不固定次序，即客运。这是由于每岁的大运有变化，导致与大运关联的每年五季的客运是迁移不定的。

太过，是指主岁的运气本身的气胜，旺盛而有余，因此该运的五行属性更强，克制别的行的气很强。根据五行属性：土为湿，水为寒，火为暑，金为燥，木为风。所以土太过则湿气流行。水太过则寒气流行。火太过则暑气流行。金太过则燥气流行。木太过则风气流行。

不及，是指主岁的运气本身的气衰，衰弱不足，削弱了该运的五行属性，导致克制它的另一个行来相克时，不能抵御来克制之气。主岁的运气根据五行属性：土为湿，水为寒，火为暑，金为燥，木为风。由于风为木，木克土，所以土不及则风气大行。由于湿为土，土克水，所以水不及则湿气大行。由于寒为水，水克火，所以火不及则寒气大行。由于暑属火，火克金，所以金不及则炎暑大行。由于燥为金，金克木，所以木不及则燥气大行。

岁运的太过和不及状态由每年的年干决定。凡年干是甲、丙、戊、庚、壬五阳干的年份，均主岁运过于旺盛，即岁运太过；凡年干是乙、丁、己、辛、癸五阴干的年份，均主岁运过于衰弱，即岁运不及。

在甲、丙、戊、庚、壬太过之年，各运之气，每年都在大寒节（十二月中气）前十三日交运。凡属乙、丁、己、辛、癸不及之年，各运之气，都在大寒节后十三日交运。其依据是《黄帝内经·素问·气交变大论》云："太过者先天，不及者后天。"《黄帝内经·素问·六元正纪大论》又云："运有余，其先至；运不及，其后至。"都是同一道理。

分别解释如下：

甲己化土，乃土运主事。逢六甲之年（甲子、甲戌、甲申、甲午、甲辰、甲寅），甲为阳天干，故土运太过。《黄帝内经·素问·气交变大论》（第六十九篇）称之为："岁土太过，雨湿流行，肾水受邪。民病腹痛，清厥意不乐，体重烦冤，上应镇星。甚则肌肉萎，足痿不收，行善瘈，脚下痛，饮发中满食减，四肢不举。变生得位，藏气伏，化气独治之，泉涌河衍，涸泽生鱼，风雨大至，土崩溃，鳞见于陆，病腹满溏泄肠鸣，反下甚而太溪绝者，死不治，上应岁星。"（因为土主湿）逢六己之年（己巳、己卯、己丑、己亥、己酉、己未），己为阴天干，于是土被主风的木来克，故土运不及。《黄帝内经·素问·气交变大论》称之为："岁土不及，风乃大行，化气不令，草木茂荣，飘扬而甚，秀而不实，上应岁星，民病飧泄霍乱，体重腹痛，筋骨繇复，肌肉瞤（shùn）酸，善怒，藏气举事，蛰虫早附，咸病寒中，上应岁星、镇星，其谷黅。复则收政严峻，名木苍凋，胸胁暴痛，下引少腹，善太息，虫食甘黄，气客于脾，黅谷乃减，民食少失味，苍谷乃损，上应太白、岁星。"

乙庚化金，乃金运主事，逢六庚年（庚午、庚辰、庚寅、庚子、庚戌、庚申），庚为阳天干，故为金运太过。《黄帝内经·素问·气交变大论》称之为："岁金太过，燥气流行，肝木受邪。民病两胁下少腹痛，目赤痛眦疡，耳无所闻。肃杀而甚，则体重烦冤，胸痛引背，两胁满且痛引少腹，上应太白星。甚则喘咳逆气，肩背痛，尻阴股膝髀腨（骨行）足皆病，上应荧惑星。"逢六乙年（乙丑、乙亥、乙酉、乙未、乙巳、乙卯），乙为阴天干，于是金被主炎暑的火来相克，故为金运不及。《黄帝内经·素问·气交变大论》称之为："岁金不及，炎火乃行，生气乃用，长气专胜，庶物以茂，燥烁以行，上应荧惑星，民病肩背瞀重，鼽嚏血便注下，收气乃后，上应太白星，其谷坚芒。复则寒雨暴至，乃寒冰雹霜雪杀物，阴厥且格，阳反上行，头脑户痛，延及囟顶发热，上应辰星，丹谷不成，民病口疮，甚则心痛。"

丙辛化水，乃水运主事。逢六丙之年（丙寅、丙子、丙戌、丙申、丙午、丙辰），丙为阳天干，故为水运太过。《黄帝内经·素问·气交变大论》称之为："岁水太过，寒气流行，邪害心火。民病身热烦心，躁悸，阴厥上下中寒，谵妄心痛，寒气早至，上应辰星。甚则腹大胫肿，喘咳，寝汗出憎风，大雨至，埃雾朦郁，上应镇星。上临太阳，则雨冰雪，霜不时降，湿气变物，病反腹满肠鸣，溏泄食不化，渴而妄冒，神门绝者，死不治，上应荧惑辰星。"（因为水主寒）逢六辛之年（辛未、辛巳、辛卯、辛丑、辛亥、辛酉），辛为阴天干，于是水被主湿的土来相克，故为水运不及。《黄帝内经·素问·气交变大论》称之为："岁水不及，湿乃大行，长气反用，其化乃速，暑雨数至，上应镇星，民病腹满身重，濡泄寒疡流水，腰股痛发，腘腨（guó shuàn）股膝不便，烦冤，足痿，清厥，脚下痛，甚则跗肿，藏气不政，肾气不衡，上应辰星，其谷秬。上临太阴，则大寒数举，蛰虫早藏，地积坚冰，阳光不治，民病寒疾于下，甚则腹满浮肿，上应镇星，其主黅谷。复则大风暴发，草偃木零，生长不鲜，面色时变，筋骨并辟，肉（瞤）瘛（chì），目视（目巟），物疏璺（wèn），肌肉胗发，气并鬲中，痛于心腹，黄气乃损，其谷不登，上应岁星。"例如，2021 年为辛丑年，年干为辛，乃水运主事。由于辛是阴天干，于是"岁水不及，湿乃大行"。该年确实在全国多地（如河南等地）发生水灾。

丁壬化木，乃木运主事，逢六壬年（壬申、壬午、壬辰、壬寅、壬子、壬戌），壬为阳天干，故为木运太过。《黄帝内经·素问·气交变大论》称之为："岁木太过，风气流行，脾土受邪。民病飧泄，食减，体重，烦冤，肠鸣腹支满，上应岁星。甚则忽忽善怒，眩冒巅疾。化气不政，生气独治，云物飞动，草木不宁，甚而摇落，反胁痛而吐甚，冲阳绝者死不治，上应太白星。"逢六丁年（丁卯、丁丑、丁亥、丁酉、丁未、丁巳），丁为阴天干，于是木被主燥的金来相克，故为木运不及。《黄帝内经·素问·气交变大论》称之为："岁木不及，燥乃大行，生气失应，草木晚荣，肃杀而甚，则刚木辟著，柔萎苍干，上应太白星，民病中清，胠胁痛，少腹痛，肠鸣溏泄，凉雨时至，上应太白星，其谷苍。上临阳明，生气失政，草木再荣，化气乃急，上应太白、镇星，其主苍早。复则炎暑流火，湿性燥，柔脆草木焦槁，下体再生，华实齐化，病寒热疮疡痱（fèi）胗痈痤，上应荧惑、太白，其谷白坚。白露早降，收杀气行，寒雨害物，虫食甘黄，脾土受邪，赤气后化，心气晚治，上胜肺金，白气乃屈，其谷不成，咳而鼽，上应荧惑、太白星。"例如，2022 年为壬寅年，年干为壬，乃木运主事。由于壬为阳干，于是"岁木太过，风气流行"。

戊癸化火，乃火运主事，逢六戊年（戊辰、戊寅、戊子、戊戌、戊申、戊午），戊为阳天干，故为火运太过。《黄帝内经·素问·气交变大论》称之为："岁火太过，炎暑流行，金肺受邪。民病疟，少气咳喘，血溢血泄注下，嗌燥耳聋，中热肩背热，上应荧惑星。甚则胸中痛，胁支满胁痛，膺背肩胛间痛，两臂内痛，身热骨痛而为浸淫。收气不行，长气独明，雨水霜寒，上应辰星。上临少阴少阳，火燔（火芮），冰泉涸，物焦槁，病反谵妄狂越，咳喘息鸣，下甚血溢泄不已，太渊绝者死不治，上应荧惑星。"逢六癸年（癸酉、癸未、癸巳、癸卯、癸丑、癸亥），癸为阴天干，于是火被主寒的水来相克，故为火运不及。《黄帝内经·素问·气交变大论》称之为："岁火不及，寒乃大行，长政不用，物荣而下，凝惨而甚，则阳气不化，乃折荣美，上应辰星，民病胸中痛，胁支满，两胁痛，膺背肩胛间及两臂内痛，郁冒蒙昧，心痛暴暗，胸腹大，胁下与腰背相引而痛，甚则屈不能伸，髋髀如别，上应荧惑、辰星，其谷丹。复则埃郁，大雨且至，黑气乃辱，病骛溏腹满，食饮不下，寒中肠鸣，泄注腹痛，暴挛痿痹，足不任身，上应镇星、辰星，玄谷不成。"

虽然每一年的大运是根据年天干而固定的，但是每一年大运的状况会有太过或者不及两种变化。如果某一年称为"太过之年"，是指该年的大运（岁气）太强。如果某一年称为"不及之年"，是指该年的大运（岁气）太弱，导致被与之相克的五行之气克制。例如，戊、癸年均为火运，但癸为阴年，癸的五行属性为水，导致火运被水克制，寒气大胜，故癸年为火运不及。

表 17　主运表

主运	时段	特征
初运为木	大寒至春分后 13 日之前	木运主春季。若木运太过，则气候为风；若不及，则气候为燥。
二运为火	春分后 13 日至芒种后 10 日之前	火运主夏季。若火运太过，则气候为热；若不及，则气候为寒。
三运为土	芒种后 10 日至处暑后 7 日之前	土运主长夏。若土运太过，则气候为湿；若不及，则气候为风。
四运为金	处暑后 7 日至立冬后 4 日之前	金运主秋季。若金运太过，则气候为燥；若不及，则气候为热。
终运为水	立冬后 4 日至大寒之前	水运主冬季。若水运太过，则气候为寒；若不及，则气候为湿。

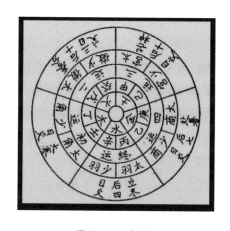

图 2　五运主运图

三、五音建运

五音建运也是五运六气中的基础知识之一。

中国古代的音律包括"五音"和"十二律"，产生丁远古黄帝时代，黄帝命其乐师伶伦作乐律。之后，古人将本无善恶的抽象的五音与万物的五行属性联系起来，赋予五音象征意义。所谓五音，是指古代音律学中的宫、商、角（jué）、徵（zhǐ）、羽五音，相传是春秋时代的管子（管仲）在《管子·地员篇》中最早加以划分的。后来在《吕氏春秋·音律》中加以完善。所谓五音是指中国古代区分，即宫、商、角、徵、羽。宫为土音，商为金音，角为木音，徵为火音，羽为水音。古人给五音赋予五行属性后，随之就将五音与五个季节——春、夏、长夏、秋、冬对应起来。

角者，触也，是指由阳气触动之后而发出的声音。木正是由于春阳之气发动而生者，所以角为木之音。

徵者，止也。是指春季阳气盛而使物盛，物盛则止。火为盛阳之象，司炎暑之令，所以徵为火之音。

宫者，中也，乃中和之义。在五行学说中土居中央，化生万物，所以宫为土之音。

商者，强也，乃坚强之义，在五行之中金的物性最坚强，所以商为金之音。

羽者，舒也。是指冬去春回，阴气尽则阳气生，万物将由阳气而舒发，水的属性具有这种生机，水能生木，所以羽为水之音。

在五音之中宫音最长、最下、最浊；羽音最短、最高、最清；商音次长、次下、次浊；徵音次短、次高、次清；角音介于长短、高下、清浊之间。

古代的先贤将五音分别建立于五运十干之中，宫为土音，建于土运，在十干为甲己。商为金音，建于金运，在十干为乙庚。羽为水音，建于水运，在十干为丙辛。角为木音，建于木运，在十干为丁壬。徵为火音，建于火运，在十干为戊癸。《素问·阴阳应象大论》云："东方生风，风生木、在音为角；南方生热，热生火，在音为徵；中央生湿，湿生土，在音为宫；西方生燥，燥生金，在音为商；北方生寒，寒生水，在音为羽。"

于是五音具有了五行和五运的内涵，不再是五个单纯的音阶。即角配木运，徵配火运，宫配土运，商配金运，羽配水运。

在五音建运之中，与五运的太过与不及概念相对应的是"太"和"少"两个概念。

表 18　五音建运

五音	太	少
角	太角：表示木运太过	少角：表示木运不及
徵	太徵：表示火运太过	少徵：表示火运不及
宫	太宫：表示土运太过	少宫：表示土运不及
商	太商：表示金运太过	少商：表示金运不及
羽	太羽：表示水运太过	少羽：表示水运不及

四、客运

客运是和主运相对而言的，主运主管一年五个季节的正常气候，客运主一年五个季节的异常气候变化，也是一年分为五季，但客运在每一年的初运由大运（也称为"中运"）而定。所以客运和主运的区别是，虽然一年都分为春、夏、长夏、秋、冬五季，但主运是按照木、火、土、金、水不变的顺序按季转换，而客运转换的顺序则是其初运由该年的岁运决定之后再变化转换的。

前面介绍过，大运是指每一年的岁运，它与金、木、水、火、土五行属性相对应有五种大运。每年由一种大运轮流管辖一整年（即"统岁"）。轮流的规则是十天干合化再按照五行相生的顺序，即甲己合化土、乙庚合化金、丙辛合化水、丁壬合化木、戊癸合化火的。客运则以每年的大运为五个客运中的初运，遵循五行相生的次序，将一年分做五个阶段运行，每个阶段为七十三日零五刻，运行于主运之上。它与主运相对而言，所以称它为客运，逐岁运行，每十年为一个周期。在客运中应用了五音建运的"太"和"少"的概念。例如：

由于甲己合化土，故甲己年的大运为土运，根据五音建运的规则，甲年为阳土，为太宫；己年为阴土，为少宫。所以逢甲年的客运便以太宫阳土为初运。又由于土生金以及太少相生，故少商（金）为客运的二运。接着由于金生水以及少生太，故太羽（水）为客运的三运。然后由于水生木以及太生少，故少角（木）为客运的四运。最后由于木生火以及少生太，故太徵（火）为客运的终运。

同理，逢己年便以少宫阴土为客运的初运。由于土生金以及少生太，故太商为客运的二运。由于金生水以及太生少，故少羽为客运的三运。由于水生木以及少生太，故太角为客运的四运。由于木生火以及太生少，故少徵为客运的终运。

十天干的其余八个天干均如此排出对应的客运。因为有十个天干，所以称为十年一司令，即以十年为一个周期，周而复始。见表19。

主运与客运的相同点：太少（阴天干、阳天干）相生、五行相生的规则，五步推移排列等。

表19　每年的客运顺序

每年天干	阴阳	每年的大运	每年的五个客运				
			初运	二运	三运	四运	终运
甲	阳	土运	太宫（土）	少商（金）	太羽（水）	少角（木）	太徵（火）
己	阴		少宫（土）	太商（金）	少羽（水）	太角（木）	少徵（火）
乙	阴	金运	少商（金）	太羽（水）	少角（木）	太徵（火）	少宫（土）
庚	阳		太商（金）	少羽（水）	太角（木）	少徵（火）	太宫（土）
丙	阳	水运	太羽（水）	少角（木）	太徵（火）	少宫（土）	太商（金）
辛	阴		少羽（水）	太角（木）	少徵（火）	太宫（土）	少商（金）
丁	阴	木运	少角（木）	太徵（火）	少宫（土）	太商（金）	少羽（水）
壬	阳		太角（木）	少徵（火）	太宫（土）	少商（金）	太羽（水）
戊	阳	火运	太徵（火）	少宫（土）	太商（金）	少羽（水）	太角（木）
癸	阴		少徵（火）	太宫（土）	少商（金）	太羽（水）	少角（木）

主运与客运的不同点：主运每年都始于春角（太角、少角），终于冬羽（太羽、少羽）。客运均以本年的大运为初运，依照五行相生和太少相生的次序，排出该年的五个客运。十年一周，十年之内，年年不同，周而复始。

五、三阴三阳

《周易·系辞》云："易有太极，是生两仪，两仪生四象，四象生八卦。"

这里说的"两仪"就是指阴和阳。也有一种观点将"两仪"解释为天地，二者并不矛盾，因为"天"为阳，"地"为阴，是中国传统文化之中得到公认的一个概念。这就是"一分为二"的哲学意义。而四象是指由阴阳衍生出来的四个元素："太阳（又名老阳）、太阴（又名老阴）、少阳、少阴。"（四象）之后，根据阴阳理论，伏羲画出阴爻"— —"和阳爻"———"，再将阴爻和阳爻加以组合创立了八卦。所以说"四象生八卦"。

"春生，夏长，秋收，冬藏，是气之常也，人亦应之，以一日分为四时，朝则为春，日中为夏，日入为秋，夜半为冬。"

《黄帝内经》对阴阳对应于天和地的概念做了进一步的具象化和延伸，并且进行了细分。《灵枢·卫气行》（第七十六篇）云："阳主昼，阴主夜。"昼分为上午和下午，上午就是阳中之阳，下午就是阳中之阴；夜分为前半夜和后半夜，前半夜是阴中之阴，后半夜则是阴中之阳。一昼夜又分为平旦、日中、日夕、夜半四个时段。

昼为阳，平旦时阳气渐生，故为"少阳"，"少"通"小"，"少阳"也就是"小阳"；

日中时阳气最盛，故为"太阳"，"太"通"大"，"太阳"也就是"大阳"；

夜为阴，日夕时阴气渐生，故为"少阴"，也就是"小阴"；

夜半时阴气最盛，故为"太阴"，也就是"大阴"。《灵枢·顺气一日分为四时》说："以一日分为四时，朝则（注：即平旦）为春，日中为夏，日入（注：即日夕）为秋，夜半为冬。"

在上述"太阳、太阴、少阳、少阴"四个元素的基础上，古人进一步根据阴气和阳气的强弱程度细化为：太阳、阳明、少阳、太阴、厥阴、少阴六个元素，即所谓的三阴三阳。太阳的阳气最强，阳明次之，少阳再次之；太阴的阴气最强，厥阴次之，少阴再次之。

三阴——太阴、厥阴、少阴；

三阳——太阳、阳明、少阳。

三阴三阳与五运（五行）的属性结合起来就衍生出：土运主湿，金运主燥，水运主寒，木运主风，火运主热。其中"湿"衍生出太阴湿土；"燥"衍生出阳明燥金；"寒"衍生出太阳寒水；"风"衍生出厥阴风木；"热"

分别衍生出太阴君火（属性为阴）和少阳相火（属性为阳）。

《黄帝内经·阴阳离合》云："帝曰：愿闻三阴三阳之离合也。岐伯曰：圣人南面而立，前曰广明，后曰太冲，太冲之地，名曰少阴，少阴之上，名曰太阳，太阳根起于至阴，结于命门，名曰阴中之阳。中身而上，名曰广明，广明之下，名曰太阴，太阴之前，名曰阳明，阳明根起于厉兑，名曰阴中之阳。厥阴之表，名曰少阳，少阳根起于窍阴，名曰阴中之少阳。是故三阳之离合也，太阳为开，阳明为阖，少阳为枢。三经者，不得相失也，搏而勿浮，命曰一阳。"

又云："帝曰：愿闻三阴。岐伯曰：外者为阳，内者为阴，然则中为阴，其冲在下，名曰太阴，太阴根起于隐白，名曰阴中之阴。太阴之后，名曰少阴，少阴根起于涌泉，名曰阴中之少阴。少阴之前，名曰厥阴，厥阴根起于大敦，阴之绝阳，名曰阴之绝阴。是故三阴之离合也，太阴为开，厥阴为阖，少阴为枢。"

于是就有了三阴三阳之说。如果按照阴气和阳气强弱程度划分：太阳的阳气最强，阳明次之，少阳再次之；太阴的阴气最强，厥阴次之，少阴再次之。

古代医家从医学实践中认识事物与疾病，对事物、疾病进行比较分类的需要，以《黄帝内经》为理论基础的中医成功地应用了三阴三阳的概念，将阴阳再加以细分独创了"厥阴"和"阳明"的元素。由此给人体的十二经络赋予了细分的阴阳属性：

（1）手三阳：手太阳小肠经、手阳明大肠经、手少阳三焦经。

（2）手三阴：手太阴肺经、手少阴心经、手厥阴心包经。

（3）足三阳：足太阳膀胱经、足阳明胃经、足少阳胆经。

（4）足三阴：足太阴脾经、足少阴肾经、足厥阴肝经。

在中国传统文化的其他领域中很少见到"厥阴"和"阳明"这两个元素，这是中医领域所独有的。但是，笔者认为在研究四五六之学时，这两个元素应该会发挥一定的作用。关于这一点，后文将做介绍。

第二节 六气

五运描述了一年之中季节变化的规律。而六气是中国古代先贤根据对于地球气候和生态环境变化周期的认知而创立的。即从我国不同地域的气候区划、气候特征来研究气候变化的规律（包括对灾害性天气的研究）。尤其要说明的是，六气是古人针对我国不同区域的气候变化总结出来的规律，因此不能原封不动地运用到其他国家和地区。例如，在地球上，地磁场决定了北极和南极。中国位于北半球，太阳位于南方。人们根据"上北下南左西右东"的规则确定方向。而在南半球，太阳位于北方。北半球的"上北下南左西右东"的规则到了南半球变成了"上南下北左东右西"。笔者在 2012 年撰写《命理天机》一书时也曾经考虑过这个问题，试图找一个出生在南半球的人推算他的命理，看看推算的结果与北半球出生的人有什么不同。毫无疑问，六气必然与地域相关联。

在古代，气候区划是依据东、西、南、北、中五方的地域划分的。这五个地域的气候特征是东方温、南方热（含火）（热与火是两种特征）、中央湿、西方燥、北方寒，一共有六种气候特征。于是由气候的六种特征就形成了：风、热、湿、火、燥、寒六种气。在给气候特征赋予五行属性后，六气是指：寒水、君火（热）、相火、湿土、燥金、风木六种气。《素问·五运行大论》说："非其时则邪，当其位则正。"也就是说，六气乃宇宙间的六元正气，它们应时而至，与节令吻合。如果非其时而至，与节令不合，便不是正气，而是邪气，会引发现代所谓灾害性天气。正气利于人的健康，邪气侵害人的身体，不利于健康。这一点正是五运六气推断人的健康状况的出发点。

需要再次指出的是，五运是根据年天干而确定的，与之相对的六气则是根据地支确定的。这出自《黄帝内经·素问》中鬼臾区的另一段话："子午之上，少阴主之；丑未之上，太阴主之；寅申之上，少阳主之；卯酉之上，阳明主之；辰戌之上，太阳主之；已亥之上，厥阴主之。"

因此，"六气"是指风、热（暑）、火、湿、燥、寒六种不同气候的总称，它是由天地之间的阴阳消长和五行相生而产生的，它配合每年的年地支可以用来推算每年的岁气（即每一年的年气）。

六气具有五行属性，但六气在天是无形的，而五行在地是有形的。下面分别描述金、木、水、火、土的特征。

木：在地的五行木乃有形之木，在天的六气木乃无形之风气。风乃木之资助，为东方所化。

火：在地的五行火乃有形之火，在天的六气火乃无形之热气。热为火之资助，为南方所化。

土：在地的五行土乃有形之土，在天的六气土乃无形之湿气。湿为土之资助，为中央所化。

金：在地的五行金乃有形之金，在天的六气金乃无形之燥气。燥为金之资助，为西方所化。

水：在地的五行水乃有形之水，在天的六气水乃无形之寒气。寒为水之资助，为北方所化。

六气分为主气、客气和客主加临三类。

所谓"客气为天，主气为地"，还有一层意思是指主气按照每年的二十四个节气和十二个月划分，与节气和月份对应的是地支。所以说"主气为地"，主气是"地之气"。而"地"是固定不变的，所以又称为"固定的主气"。这里说的固定，是指任何一年的六种主气的排列顺序固定不变。相对于主气与地支关联而言，客气却是由每年的天干决定的，所以称为"天之气"。

一、主气

每年的主气分为六种，对应于六个时间段，掌管每一年的气候变化。古人将一年的二十四个节气划分为六个时段：

立春、雨水、惊蛰、春分；

清明、谷雨、立夏、小满；

芒种、夏至、小暑、大暑；

立秋、处暑、白露、秋分；

寒露、霜降、立冬、小雪；

大雪、冬至、小寒、大寒。

这六个时段的主气统称为"六气"。即风木、君火、相火、湿土、燥金、寒水六气，它们的顺序是按照木、火、土、金、水五行相生，即从对应于春季的木开始，木生火、火生土、土生金、金生水、水生木的顺序排列的。

任何一年的第一个主气都是厥阴风木，称为初之气；接着由于木生火，故第二个主气为少阴君火，称为二之气；第三个主气为少阳相火（火有君火和相火两种），称为三之气；由于火生土，故第四个主气为太阴湿土，称为四之气；由于土生金，故第五个主气为阳明燥金，称为五之气；由于金生水，故每年最后的主气为太阳寒水，称为终之气。其后是水生木（下一年的木）。每一年都按照风、火、热、湿、燥、寒六步循环调控季节、气候，并影响人体的健康。

主气的排列顺序如下：

初之气——厥阴风木，对应于木。从十二月中的大寒开始，经过立春、雨水、惊蛰，至二月中的春分前夕。由于风木是东方生气之始，故厥阴风木为初之气。

二之气——少阴君火，对应于火。从二月中的春分开始，经过清明、谷雨、立夏，至四月中的小满前夕。由于木能生火，故少阴君火为二之气。

三之气——少阳相火，对应于热。火有君相之分，君和相互相跟随，君火在前，相火在后，所以少阳相火紧接着君火，故少阳相火为三之气。从四月中小满开始，经过芒种、夏至、小暑，至六月中的大暑前夕。同样是由木生火而来。

四之气——太阴湿土，对应于湿。从六月中的大暑开始，经过立秋、处暑、白露，至八月中的秋分前夕。由于火能生土，故太阴湿土为四之气。

五之气——阳明燥金，对应于燥。从八月中的秋分开始，经过寒露、霜降、立冬，至十月中的小雪前夕。由于土能生金，故阳明燥金为五之气。

终之气——太阳寒水，对应于寒。从十月中的小雪开始，经过大雪、冬至、小寒，至十二月中的大寒前夕。由于金能生水，故太阳寒水为终之气。

详见表20。

表20 六气时序

初之气	大寒、立春、雨水、惊蛰
二之气	春分、清明、谷雨、立夏
三之气	小满、芒种、夏至、小暑
四之气	大暑、立秋、处暑、白露
五之气	秋分、寒露、霜降、立冬
终之气	小雪、大雪、冬至、小寒

由上可知，主气依据二十四节气划分，而二十四节气和地支关联。所以主气又称为"地之气"。

上一节介绍的五运中的"主运"与六气中的"主气"的异同在于：

（1）由于五运与五行属性对应，所以每年的主运只有五个。而六气中的主气则是将二十四个节气划分为六个时段而得，所以每年的主气有六个。

（2）五运是根据天干和五行属性确定的，由于十个天干中第一个天干是甲，甲属木，对应于春季。所以每年五个主运中的初运都是木运，即春季初运。主气也对应于五行属性，但是主气之火还分为君火和相火，所以主气就有了六个。

二、客气

客气即天之气，是指全年的气候异常变化。这种异常变化，也有一定规律可循，由于它每年都有变化，如同客人一样往来无常，所以叫作客气。客气之所以异常，是因为客气乃天之气，天为阳主动，动而不息，岁岁变易。所以它与由地支决定的地气（即主气）不同。但是，作为天之气的客气，也分为风、热、湿、火、燥、寒六种。

无论是客气还是主气都分风、热、湿、火、燥、寒六种，其属性也与五行属性相同。但客气的六种气在排列次序上与主气的六种气不同，因为主气乃地之气，在地为形，故主气的六种气排列次序是以五行相生的顺序依次而列：木生火 → 火生土 → 土生金 → 金生水 → 水生木。即顺序为风、热、火、湿、燥、寒。它们静而守位，年年如此。

而客气与天干关联，所以又称为"天之气"，其排列次序与主气不同，它是依据每年阴阳之气的多少（强弱）分为六类（对应于一年的六个时段）来排列的，即：一阴→二阴→三阴→一阳→二阳→三阳。即厥阴风木为一阴排在首位，少阴君火为二阴次之，太阴湿土为三阴再次之，阴尽则阳始，故少阳相火为一阳排在三阴之后，阳明燥金为二阳次之，太阳寒水为三阳再次之。也就是说，客气排列的次序是依据上一节介绍的"三阴三阳"规则。

客气与主气的相同之处是：都以厥阴风木为第一个气。它们的不同之处是：春季属木，所以主气按照五行相生的规则中"木生火"先从厥阴风木（初之气）开始排列，然后根据木生火、火生土、土生金、金生水的规则依次是少阴君火、少阳相火、太阴湿土、阳明燥金、太阳寒水五种气。而在客气中，六种客气是根据三阴三阳——厥阴、少阴、太阴、少阳、阳明、太阳的顺序排列的，所以虽然厥阴风木也是六种客气的第一个气，但厥阴风木未必是每年初之气。即在一年之中，六种客气的第一个气不等于当年的初之气。

对于客气而言，每年的六种气分为司天、在泉（注意：客气有司天和在泉之分，主气没有）以及位于司天和在泉中间的其余四种气，统称为"四间气"。所谓"间"，是指位于司天和在泉之间之意。即司天和在泉的左右，都各有一间气，合起来一共有四个所以又称为四间气。它们与司天和在泉构成了客气的六步。在排列顺序上，排在第三位的一定是司天，它是主岁之气，于是排在第六位的一定是在泉。由此也说明每年的初之气不一定是厥阴风木。这正是客气与主气的不同点。

客气中的运行过程中，无论风、寒、暑、湿、燥、火六种气的哪一种气运行到三之气这个时段位置上，它就是司天之气，而终之气这个时段位置上的气就是在泉之气。具体说明如下：

凡年支为子、午之年，客气中的少阴君火位于三之气之位，阳明燥金位于终之气之位，所以子、午之年的司天之气是少阴君火，在泉之气是阳明燥金。

凡年支为丑、未之年，客气中的太阴湿土位于三之气之位，太阳寒水位于终之气之位，所以丑、未之年的司天之气是太阴湿土，在泉之气是太阳寒水。

　　凡年支为寅、申之年，客气中的少阳相火位于三之气之位，厥阴风木位于终之气之位，所以寅、申之年的司天之气是少阳相火，在泉之气是厥阴风木。

　　凡年支为卯、酉之年，客气中的阳明燥金位于三之气之位，少阴君火位于终之气之位，所以卯、酉之年的司天之气是阳明燥金，在泉之气是少阴君火。

　　凡年支为辰、戌之年，客气中的太阳寒水位于三之气之位，太阴湿土位于终之气之位，所以辰、戌之年的司天之气是太阳寒水，在泉之气是太阴湿土。

　　凡年支为巳、亥之年，客气中的厥阴风木位于三之气之位，少阳相火位于终之气之位，所以巳、亥之年的司天之气是厥阴风木，在泉之气是少阳相火。

　　详见"P070 表25.3　六气表"。

　　司天之气和在泉之气的位置不是固定不变的，每年各不相同。每六年一循环，由于地支系统中的十二年和司天、在泉有一个固定的六气对应模式，因此根据该年的地支就能够确定该年的司天之气和在泉之气是哪两种气。

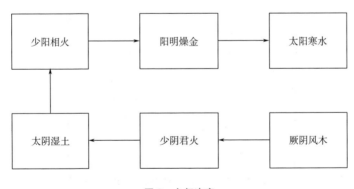

图3　六气次序

举例说明如下：

2021年是辛丑年，主气的排列顺序必然是按照五行相生的规则固定的——厥阴风木（初之气）、少阴君火（二之气）、少阳相火（三之气）、太阴湿土（四之气）、阳明燥金（五之气）、太阳寒水（终之气）。而客气则不然，它是按照阴阳的强弱多少（即三阴三阳），即一阴、二阴、三阴、一阳、二阳、三阳的顺序排列的。而且司天之气一定排在第三位，是三之气。所以该年的客气排列顺序是：厥阴风木（一阴，初之气）、少阴君火（二阴，二之气）、太阴湿土（三阴，三之气）、少阳相火（一阳，四之气）、阳明燥金（二阳，五之气）、太阳寒水（三阳，终之气）。

表 21　2021 年（辛丑）主气、客气

	初之气	二之气	三之气	四之气	五之气	终之气
主气 （五行相生）	厥阴风木	少阴君火	少阳相火	太阴湿土	阳明燥金	太阳寒水
客气 （阴阳强弱）	厥阴风木 （一阴）	少阴君火 （二阴）	太阴湿土 （三阴，司天）	少阳相火 （一阳）	阳明燥金 （二阳）	太阳寒水 （三阳，在泉）

说明：在客气之中，少阴君火是司天太阴湿土的左间气，少阳相火是司天的右间气；阳明燥金是在泉太阳寒水的左间气，厥阴风木是在泉的右间气。

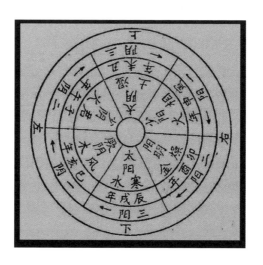

图 4　司天、在泉左右间气图

司天象征在上，主上半年的气运情况；在泉象征在下，主下半年的气运情况。《黄帝内经》云："岁半之前，天气主之，岁半之后，地气主之"，意即司天之气主管上半年的气候运行变化，在泉之气主管下半年的气候运

行变化。（注意：这里说的下半年的"地气"是指客气中的"在泉之气"，与主气被称为"地之气"有所不同。）例如，子午年是少阴君火司天，则阳明燥金在泉；卯酉年为阳明燥金司天，则少阴君火在泉。司天与在泉可以用来推算一年中岁气的大体情况，并用来推算气运影响与疾病产生的关系。

推算方法

凡子、午之年是少阴君火司天，凡丑、未之年是太阴湿土司天，凡寅、申之年就是少阳相火司天，凡卯、酉之年就是阳明燥金司天，凡辰、戌之年就是太阳寒水司天，凡巳、亥之年就是厥阴风木司天。见下：

年支	司天	在泉
子午	少阴君火	阳明燥金
丑未	太阴湿土	太阳寒水
寅申	少阳相火	厥阴风木
卯酉	阳明燥金	少阴君火
辰戌	太阳寒水	太阴湿土
己亥	厥阴风木	少阳相火

司天之气始终在六步中的第三步，即固定在客气的三之气。司天之气确定之后，就可以排除在泉之气以及其余的四个间气。

根据"上者右行，下者左行，左右周天，余而复会"的规则，司天之气不断地右转，自上而右，以降于地。在泉之气不断地左转，自下而左，以升于天，从而构成每年气候的不断变化。

客气也有六种：在泉之左、司天之左、司天、司天之右、在泉之右、在泉。司天是客气的三之气。《素问·六元正纪大论》中曰："岁半之前，天气主之。"故司天之气除了主管三之气的季节还主管上半年气候变化，在泉为客气的终之气。《素问·六元正纪大论》中又曰："岁半之后，地气主之。"所以在泉之气主管下半年气候变化。

古代人设立司天在泉的目的是什么呢？要破解这个谜，还必须借助地支的四季气候为背景，再和六气相对应，才能发现其中奥秘。

在十二月支中，有两个非常重要的月份，一个是子月，一个是午月，这两个月份之所以重要，在于它们起到一个量变的定位作用。

午月为一年中阴消阳长过程的最盛顶点，也即是重阳极盛状态，这个极盛状态既是一个质变点，也是一个量变点，自此极点以后，主导天气运行趋势的阴阳性质发生转换，由原来的阳气为主导力量，从此改变为由阴气为主导力量，阴消阳长开始转变为阳消阴长，阳气由原来的不断上升趋势开始转变为不断下降趋势。

子月为一年中阳消阴长过程的最盛顶点，也即是重阴极盛状态，自此极点后，主导地位发生转换，阳消阴长开始转变为阴消阳长，阳气由原来的不断下降趋势转变为不断上升的趋势。事实表明，子月与午月为全年中的两个质量定位点，在一年中起到非常重要的标定作用，一个为阳气上升的最高转折点，一个为阳气下降的最低转折点。

一年四季的阴气阳气相互变化过程，是六气运行的大背景，这个大背景以气候变化的形式表现出来，客气必然要服从以这个背景为主体的变化规律，跟随着产生大自然四季现象的主体——阳气和阴气的相互消长，发生同步的升降变化。

在跟随地支四季这个大背景的变化过程中，客气将十二个月平分为六个时段，初之气对应为寅、卯两个月，二之气对应为辰、巳两个月，三之气对应为午、未两个月，四之气对应为申、酉两个月，五之气对应为戌、亥两个月，终之气对应为子、丑两个月。这个对应表明，初之气、二之气、三之气对应着地支上半年的阴消阳长过程，具体的表现是客气跟随阴阳消长的变化处于上行扩张的趋势，三之气为客气上升趋势的最高位时段。在三之气过后，客气开始转变为下降趋势，而四之气、五之气、终之气则对应地支下半年的阳消阴长的变化处于下降收缩趋势，终之气为客气下降趋势的最低位时段，在终之气过后，客气又开始转变为开始上升趋势。

古人设立司天和在泉的目的是告诉后代，必须注意客运六气中三之气和终之气在整个六气运行中的重要性，它们都具有量变引起质变的作用。

从字面上分析司天的内涵，天表示为天上，司表示为掌管，综合起来，司天就是掌管天上的意思，从实际情况来看，司天是一年中客气处于上升趋势的顶点，地气上升为天，故上升之气又称为天气，古代人将它简称为"上"，三之气正是掌管着客气上升的最高指标，故将三之气称为司天之气。

分析在泉的字义内涵是表示到位，泉表示为地下的水位，综合起来，在泉就是已经达到地下低位的意思。从实际情况来看，在泉是一年中客气处于下降趋势的谷点，天气下降为地，故下降之气又称为地气，古代人将它简称为"下"，终之气标志着地气下降的最低指标，故将终之气称为在泉之气。

客气的六个时段将一年平分，按照规则，每一气只统管两个月时间，但人们不明白的是，为什么司天之气可以掌管上半年？为什么在泉之气可以掌管下半年？这三之气和终之气能够拥有神奇力量的道理何在？

司天在泉能够拥有统管半年气候变化趋势的原因其实并不复杂，因为司天为上半年的最高位的质量定位点，于是这当年的司天之气的性质，就自然成为上半年客气运行要达到的最终目标。这就是司天能够拥有影响上半年客气变化趋势的根本原因。

例如，当子午年的司天之气为君火时，就等于为该年的上半年确定了以君火为最终目标。于是当初之气和二之气在发挥自己本气的影响时，必然产生逐渐向火气发展的变化趋势，而这个趋势成为要达到最终目标的一个重要过程。

又如，当辰戌年的司天之气为寒水时，就等于为该年的上半年确定了以寒水为最终目标。于是当初之气和二之气在发挥自己本气的影响时，必然产生逐渐向寒气发展的变化趋势。

总之，无论哪一气，只要它在司天的位置上，当年的初之气和二之气在显示本气性质的同时，必然发生向司天之气方向发展的趋势。

在泉之气又是另外一个能够影响下半年客气变化的质量指标，无论哪一气属于在泉之气，四之气和五之气在显示本气性质的同时，也必然要发生向在泉之气发展的变化趋势。

客气的三阴三阳在运用时以十二地支为工具来推算，二者的相配在前面十二支化气一节中已有详述。客气当年功能是主管全年的气候异常变化。客气六步的先后次序年年在转移，是由司天在泉所决定，而司天在泉又各有南政和北政之分，下面分述之。

司天在泉，指客气而言，为每年岁气主事者之通称。以三阴三阳配六气来主当年岁气者，为司天，在上；与司天相对者，为在泉，在下。司天在泉在每年客气的六步中又各主一步，司天为第三步，在泉为第六步；同时，司天在泉还主全年岁气，司天主上半年，在泉主下半年，即《素问·六元正纪大论》云："岁半之前，天气主之；岁半之后，地气主之已。"又《素问·至真要大论》云："初气终三气，天气主之……四气尽终气，地气主之。"此均言其上半年为司天之气所主，下半年为在泉之气所主。

客气与主气一样也分六步，即司天、在泉、司天的左间、司天的右间、在泉的左间、在泉的右间，一般把前二者叫"司天在泉"，把后四者叫作"四间气"，如《素问·至真要大论》中所说"问气者何谓？岐伯曰：司左右者，是谓间气也。……主岁者纪岁，间气者纪步也"。此六步在每年的排列次序上，决定于当年的司天在泉，因为司天之对面总是在泉，而每年客气的初气（第一步）总是始于在泉的左间，二气（第二步）为司天的右间，三气（第三步）即为司天，四气（第四步）为司天的左间，五气（第五步）为在泉的右间，终气（第六步）为在泉。此六步于一年中依次而移，每步各占约六十日又八十七刻半，如《素问·六微旨大论》所讲："所谓步者，六十度而有奇"。此六步的三阴三阳之气逐年依次轮转，周而不息，如表11、表12、表13所示。

表11中，包括了司天和在泉及其左右间气的轮流纪岁和纪步，其箭头表示逐年轮转而互为司天、在泉和左右间。如一九八一年辛酉年，酉属阳明燥金司天，故表中的阳明位列于上为司天之气；阳明对面为少阴，故少阴位列于下为在泉之气；在泉的左右间气是以面南而定，故在泉的左间气为太阴、右间气为厥阴；司天的左右间气是以面北而定，故司天之左间气为太阳、右间气为少阳。一九八二年壬戌年，戌属太阳寒水司天，则表11中的"司天"右移于太阳，即太阳位列于上为司天之气；太阳对面为太阴，故表11中的"在泉"左移于太阴，即太阴位列于下为在泉之气；在泉的左右间气以面北而定，则左间气为少阳、右间气为少阴；司天的左右间气以面北而定，故左间气为厥阴、右间气为阳明。此即所谓"上者右行，下者左行"是也。同理，可推知：一九八三年癸亥年，司天之气为厥阴，则在泉之气为少阳、在泉的左间为阳明、在泉的右间为太阴、司天的左间为少阴、司天的右间为太阳。一九八四年甲子年，司天之气为少阴，则在泉之气为阳明、在泉的左间为太阳、在泉的右间为少阳、司天的左间为太阴、司天的右间为厥阴。一九八五年乙丑年，司天之气为太阴，则在泉之气为太阳、

在泉的左间为厥阴、在泉的右间为阳明、司天的左间为少阳、司天的右间为少阴。一九八六年丙寅年，司天之气为少阳，则在泉之气为厥阴、在泉的左间为少阴、在泉的右间为太阳、司天的左间为阳明、司天的右间为太阴，如表13所示。

从以上列举中看出，不仅司天与在泉之气是一阴对一阳、二阴对二阳、三阴对三阳，而且司天的左间与在泉的左间、司天的右间与在泉的右间也是一阴对一阳、二阴对二阳、三阴对三阳，亦见表13。

上面所讲的"面南""面北"，因司天在上属南方，居南而面北，故司天的左右间是以面北定其左右，是谓"面北而命其位"；在泉在下属北方，居北而面南，故在泉的左右间是面南定其左右，是谓"面南而命其位"。故在《素问·五运行大论》中说："天地者，万物之上下；左右者，阴阳之道路……所论上下者，岁上下，见阴阳之所在也。左右者，诸上见厥阴，左少阴、左太阳；见少阴，左太阴、右厥阴；见太阴，左少阳、右少阴；见少阳，左阳明、右太阴；见阳明，左太阳、右少阳；见太阴，左厥阴、右阳明，所谓面北而命其位，言其见也……厥阴在上，则少阳在下，左阳明、右太阴；少阴在上，则阳明在下，左太阳、右少阳；太阴在上，则太阳在下，左厥阴、右阳明；少阳在上，则厥阴在下，左少阴、右太阳；阳明在上，则少阴在下，左太阴、右厥阴；太阳在上，则太阴在下，左少阳、右少阴，所谓面南而命其位，言其见也。"

在表12中，分列了各年司天、在泉及其左右间气分主六步的排列次序，如前所述。因为初气总是起自在泉之左间。故司天之气必为第三步即三气、在泉之气必为第六步即终气，司天之右间则为第二步即二气、司天之左间则为第四步即四气、在泉之右间则为第五步即五气。此六步以三阴三阳气之少多，逐年轮转，正如《素问·六微旨大论》说："少阳之右，阳明治之；阳明之右，太阳治之；太阳之右，厥阴治之，厥阴之右，少阴治之；少阴之右，太阴治之；太阴之右，少阳治之。"

例如：逢亥年，属厥阴司天为第三步，少阳在泉为第六步，初气始于少阳之左间阳明为第一步，二气为司天的右间太阳为第二步，四气为司天的左间少阴为第四步，五气为在泉的右间太阴为第五步。

"厥阴之右，少阴治之"，亥年之后为子年，属少阴司天，则阳明在泉，初气为太阳，二气为厥阴，三气为少阴，四气为太阴，五气为少阳，终气为阳明。

"少阴之右，太阴治之"，子年之后为丑年，属太阴司天，则太阳在泉，初气为厥阴，二气为少阴，三气为太阴，四气为少阳，五气为阳明，终气为太阳。

"太阴之右，少阳治之"，丑年之后为寅年，属少阳司天，则厥阴在泉，初气为少阴，二气为太阴，三气为少阳，四气为阳明，五气为太阳，终气为厥阴。

"少阳之右，阳明治之"，寅年之后为卯年，属阳明司天，则少阴在泉，初气为太阳，二气为少阳，三气为阳明，四气为太阳，五气为厥阴，终气为少阴。

"阳明之右，太阳治之"，卯年之后为辰年，属太阳司天，则太阴在泉，初气为少阳，二气为阳明，三气为太阳，四气为厥阴，五气为少阴，终气为太阴。

太阳之右，厥阴又复治之。此轮转之序不论从纪年或从六步来说，皆如是而已，周而复始。

上面所提的三阴三阳的纪年和纪步，均代表着六气的变化。厥阴代表风气，故厥阴司天，则风气主岁；少阴代表热气，故少阴司天，则热气主岁；太阴代表湿气，故太阴司天，则湿气主岁；少阳代表火气，故少阳司天，则火气主岁；阳明代表燥气，故阳明司天，则燥气主岁；太阳代表寒气，故太阳司天，则寒气主岁。但司天主上半年，在泉主下半年，故厥阴之风气在上主上半年，则少阳之火气在下主下半年；少阴之热气在上主上半年，则阳明之燥气在下主下半年；太阴之湿气在上主上半年，则太阳之寒气在下主下半年；少阳之火气在上主上半年，则厥阴之风气在下主下半年；阳明之燥气在上主上半年，则少阴之热气在下主下半年；太阳之寒气在上主上半年，则太阴之湿气在下主下半年。故在《素问·至真要大论》中说："厥阴司天，其化以风；少阴司天，其化以热；太阴司天，其化以湿；少阳司天，其化以火；阳明司天，其化以燥；太阳司天，其化以寒。……地化奈何？岐伯曰：司天同候，间气皆然。"就是说，无论司天、在泉或间气，三阴三阳之化皆同。

主气和十二个月、二十四节气关联，而十二个月对应于十二个地支，所以主气乃地之气。而客气则与天干关联，所以客气乃天之气。

　　客气也有六种：在泉之左、司天之左、司天、司天之右、在泉之右、在泉。司天是客气的三之气。《素问·六元正纪人论》中曰："岁半之前，天气主之。"故司天之气除了主管三之气的季节还主管上半年气候变化，在泉为客气的终之气。《素问·六元正纪大论》中曰："岁半之后，地气主之。"同样的在泉还主管下半年气候变化。

　　司天确定后，按一阴、二阴、三阴、一阳、二阳、三阳的顺序推，确定一年客气六步，如子午年份，司天为少阴君火，即三之气为少阴君火，四之气为太阴湿土，五之气为少阳相火，终之气在泉为阳明燥金，初之气为太阳寒水，二之气为厥阴风木。在《素问·五常政大论》中分别描述了气候及自然界万物的变化，并且据此推断出容易影响人体健康的疾病类属。如子午年："少阴司天，热气下临，肺气上从……喘呕、寒热、嚏鼽。"即上半年热气流行，气候多热，多见热性病变和本系心脏疾病，火胜则克金太过，因此易引起肺脏的病变。

三、客主加临

　　前面已经介绍了每年六个时段的主气是从春季属木开始，然后由五行属性之间相生的关系决定的。具体来说，初之气一定是厥阴风木，然后依据木生火、火生土、土生金、金生水的顺序排列其余五种主气。即：一阴（厥阴风木）→二阴（少阴君火）→三阴（太阴湿土）→一阳（少阳相火）→二阳（阳明燥金）→三阳（太阳寒水）来排列的，它们分别对应于一年的六个时段。

　　而客气是流动变化的（揭示了全年的气候异常变化），是依据每年阴阳之气的多少（强弱），即三阴三阳的顺序分为六类。也就是说在一年的六个时段中都同时有一个流动的客气和一个固定的主气，客气为客，主气为主，客气和主气在同一个时段相逢，即轮流变化的客气加于主气之上，称为"客主加临"。客气在天，主动；主气在地，主静（与客气之动相对而言），二者并非各自运行，而是上下相交、寒热相遇，互为牵制，正如《素问·五运行大论》所谓"上下相遘，寒暑相临"。由于客气和主气的相遇，导致了气候的变化。具体来说，主气每年分为六步，年年固定不变；客气每年也分为六步，但它随着年地支的循环，客气年年都在变化。于是变化的六步客气加临于不变的六步主气之上，使得气候产生变化：寒者变温、热者变凉，等等，所以形成了各年气候的各不相同。

客气和主气相遇之所以会导致气候变化，是由于主气和客气都是对应于六气的，而六气分别具有五行属性，于是在客主加临时相遇的客气和主气各自的五行属性产生了相生、相克、比和（五行属性相同）的状态。在客主加临中将这些状态划分为：顺、逆、相得和不相得四种。其中，顺、逆关系不是单独的关系，是进一步判断相得和不相得的细分关系。具体说明如下：

> 主气生客气，乃子临母上，为不相得，为逆。
>
> 主气克客气，为不相得，为逆。
>
> 客气生主气，乃母临子上，为相得，为顺。
>
> 客气克主气，为相得，为顺。
>
> 主气与客气比和，为相得。

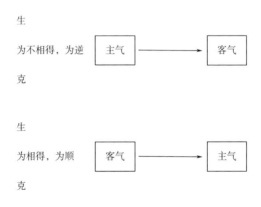

图 5　客气和主气生克关系图

简言之，凡主气生或克客气，皆为不相得，为逆。凡客气生克主气，皆为相得，为顺。若主气与客气比和，则为相得。

由上可知，在具体应用客主加临时，需要分析每年六个时段，首先要确定该时段的主气和客气分别为六气中的哪一种气，然后分析同一时段的主气和客气之间的五行属性相生、相克及比和的状态，于是便可确定在该时段的客主加临的相得、不相得、顺、逆的状态。

客气和主气的相遇、相临而形成的相得和不相得状态，使气候发生寒者变温、热者变凉等变化，并由此导致疾病的发生。即《素问·五运行大论》所说的："上下相遘，寒暑相临，气相得则和，不相得则疾。"在《素问·六微旨大论》中也有论述："帝曰：位之易也何如？岐伯曰：君位臣则顺，臣位君则逆，逆则其病近，其害速；顺则其病远，其害微，所谓二火也。"翻译成白话文的意思是：岐伯说：君位客气居于臣位主气之上的为顺，臣位客气，居于君位主气之上的为逆。逆者发病快而急，顺者发病慢而轻。这里主要是指君火的相火说的。至于客主加临中的顺与逆是指客气与主气加临后，客克主者为顺，主克客者为逆；母临子上者为顺，子临母上者为逆。（笔者注：需要搞清楚何谓君位，何谓臣位。）

《素问·至真要大论》又曰："主胜逆，客胜从。"这里所说的客主加临之间"客胜从""气相得则和"等状态，并不是客气和主气之间单纯的"从"或者"和"的关系，主要的内涵是指客气和主气的加临会对气候产生影响。诸如，湿寒加临则寒湿甚、热火相加则炎热甚、热燥加临则燥尤甚、风火相合则火热甚，等等。本书的重点是应用客气和主气的这些关系对气候的作用，进一步分析其对人体健康产生的影响。

例如，2022年为壬寅年，该年主气的三之气乃少阳相火，客气的三之气也是少阳相火，客气与主气比和。将导致该年的三之气时段（小满至惊蛰，即2022年5月21日—7月7日期间）的气候暑热尤甚。（截至笔者于2022年8月下旬写下这段文字时，已经证明了这个推断。）

表22 每年客主加临分析表

（以2022壬寅年为例）

2022壬寅年		司天：少阳相火	在泉：厥阴风木
	主气	客气	状态分析
初之气	厥阴风木	少阴君火	主气木生客气火
二之气	少阴君火	太阴湿土	主气火生客气土
三之气	少阳相火	少阳相火	主气和客气皆为火
四之气	太阴湿土	阳明燥金	主气土生客气金
五之气	阳明燥金	太阳寒水	主气金生客气水
终之气	太阳寒水	厥阴风木	主气水生客气木

表 23 （以 2023 癸卯年为例）

2023 癸卯年		司天：阳明燥金	在泉：少阴君火
	主气	客气	状态分析
初之气	厥阴风木	太阴湿土	主气木克客气土，为逆，不相得。
二之气	少阴君火	少阳相火	主气和客气皆为火，同气，为顺，相得。
三之气	少阳相火	阳明燥金	主气火克客气金，为逆，不相得。
四之气	太阴湿土	太阳寒水	主气土克客气水，为逆，不相得。
五之气	阳明燥金	厥阴风木	主气金克客气木，为逆，不相得。
终之气	太阳寒水	少阴君火	主气水克客气火，为逆，不相得。

表 24 （以 2024 甲辰年为例）

2024 甲辰年		司天：太阳寒水	在泉：太阴湿土
	主气	客气	状态分析
初之气	厥阴风木	少阳相火	主气木生客气火，为逆，不相得。
二之气	少阴君火	阳明燥金	主气火克客气金，为逆，不相得。
三之气	少阳相火	太阳寒水	客气水克主气火，为顺，相得。
四之气	太阴湿土	厥阴风木	客气木克主气土，为顺，相得。
五之气	阳明燥金	少阴君火	客气火克主气金，为顺，相得。
终之气	太阳寒水	太阴湿土	客气土克主气水，为顺，相得。

　　有兴趣的读者可以按照上面推断 2022 年气候情况的思路自行推断 2023 年、2024 年等年份的天气变化概况。

第三节　五运六气术语汇总

五运六气理论中出现了许多专用术语，将这些术语搞明白，才能真正掌握五运六气的核心内容。在前面两节论述的基础上归纳如表 25 所示。

表 25　五运六气术语汇总表

表 25.1　大运、主运表

大运	每年一大运，故称岁运。统领一年。每年的大运之中有五个主运。	甲己合化土	年干为甲、己的大运是土运	由每年的年天干决定，甲乃首个天干（合化土），故每一年的大运从土运开始，五年一个循环。
		乙庚合化金	年干为乙、庚的大运是金运	
		丙辛合化水	年干为丙、辛的大运是水运	
		丁壬合化木	年干为丁、壬的大运是木运	
		戊癸合化火	年干为戊、癸的大运是火运	
主运	每年大运中有五个主运。对应于每年的春、夏、长夏、秋、冬五个季节各有一个主运。	春季为初运	春季属木，故初运为木运	上一年大寒日入初运，春分后 13 日入二运，芒种后 10 日入三运，处暑后 7 日入四运，立冬后 4 日入终运。
		夏季为二运	夏季属火，故二运为火运	
		长夏为三运	长夏属土，故三运为土运	
		秋季为四运	秋季属金，故四运为金运	
		冬季为终运	冬季属水，故终运为水运	

表 25.2　客运表（五音建运）

客运	甲	阳木	甲己年大运为土	初运	二运	三运	四运	终运	相生规则：1. 五行相生 2. 太少相生（即太生少、少生太。）
				太宫（土）	少商（金）	太羽（水）	少角（木）	太徵（火）	
	己	阴土		初运	二运	三运	四运	终运	
				少宫（土）	太商（金）	少羽（水）	太角（木）	少徵（火）	
	乙	阴木	乙庚年大运为金	初运	二运	三运	四运	终运	相生规则：1. 五行相生 2. 太少相生（即太生少、少生太。）
				少商（金）	太羽（水）	少角（木）	太徵（火）	少宫（土）	
	庚	阳金		初运	二运	三运	四运	终运	
				太商（金）	少羽（水）	太角（木）	少徵（火）	太宫（土）	

续表

客运				初运	二运	三运	四运	终运	
客运	丙	阳火	丙辛年大运为水	太羽（水）	少角（木）	太徵（火）	少宫（土）	太商（金）	相生规则： 1. 五行相生 2. 太少相生（即太生少、少生太。）
				初运	二运	三运	四运	终运	
	辛	阴金		少羽（水）	太角（木）	少徵（火）	太宫（土）	少商（金）	
	丁	阴火	丁壬年大运为木	初运	二运	三运	四运	终运	相生规则： 1. 五行相生 2. 太少相生（即太生少、少生太。）
				少角（木）	太徵（火）	少宫（土）	太商（金）	少羽（水）	
	壬	阳水		初运	二运	三运	四运	终运	
				太角（木）	少徵（火）	太宫（土）	少商（金）	太羽（水）	
	戊	阳土	戊癸年大运为火	初运	二运	三运	四运	终运	相生规则： 1. 五行相生 2. 太少相生（即太生少、少生太。）
				太徵（火）	少宫（土）	太商（金）	少羽（水）	太角（木）	
	癸	阴水		初运	二运	三运	四运	终运	
				少徵（火）	太宫（土）	少商（金）	太羽（水）	少角（木）	

表25.3 六气表

六气					
六气	主气每年固定不变	初之气	厥阴风木	时段：大寒、立春、雨水、惊蛰	木乃主之始
		二之气	少阴君火	时段：春分、清明、谷雨、立夏	因木生火而来
		三之气	少阳相火	时段：小满、芒种、夏至、小暑	
		四之气	太阴湿土	时段：大暑、立秋、处暑、白露	因火生土而来
		五之气	阳明燥金	时段：秋分、寒露、霜降、立冬	因土生金而来
		终之气	太阳寒水	时段：小雪、大雪、冬至、小寒	因金生水而来
	客气根据每年的地支而变	子、午之年	太阳寒水	时段：大寒、立春、雨水、惊蛰	初之气
			厥阴风木	时段：春分、清明、谷雨、立夏	二之气
			少阴君火	时段：小满、芒种、夏至、小暑	三之气：司天
			太阴湿土	时段：大暑、立秋、处暑、白露	四之气
			少阳相火	时段：秋分、寒露、霜降、立冬	五之气
			阳明燥金	时段：小雪、大雪、冬至、小寒	终之气：在泉

续表

六气	客气根据每年的地支而变	丑、未之年	厥阴风木	时段：大寒、立春、雨水、惊蛰	初之气
			少阴君火	时段：春分、清明、谷雨、立夏	二之气
			太阴湿土	时段：小满、芒种、夏至、小暑	三之气：司天
			少阳相火	时段：大暑、立秋、处暑、白露	四之气
			阳明燥金	时段：秋分、寒露、霜降、立冬	五之气
			太阳寒水	时段：小雪、大雪、冬至、小寒	终之气：在泉
		寅、申之年	少阴君火	时段：大寒、立春、雨水、惊蛰	初之气
			太阴湿土	时段：春分、清明、谷雨、立夏	二之气
			少阳相火	时段：小满、芒种、夏至、小暑	三之气：司天
			阳明燥金	时段：大暑、立秋、处暑、白露	四之气
			太阳寒水	时段：秋分、寒露、霜降、立冬	五之气
			厥阴风木	时段：小雪、大雪、冬至、小寒	终之气：在泉
		卯、酉之年	太阴湿土	时段：大寒、立春、雨水、惊蛰	初之气
			少阳相火	时段：春分、清明、谷雨、立夏	二之气
			阳明燥金	时段：小满、芒种、夏至、小暑	三之气：司天
			太阳寒水	时段：大暑、立秋、处暑、白露	四之气
			厥阴风木	时段：秋分、寒露、霜降、立冬	五之气
			少阴君火	时段：小雪、大雪、冬至、小寒	终之气：在泉
		辰、戌之年	少阳相火	时段：大寒、立春、雨水、惊蛰	初之气
			阳明燥金	时段：春分、清明、谷雨、立夏	二之气
			太阳寒水	时段：小满、芒种、夏至、小暑	三之气：司天
			厥阴风木	时段：大暑、立秋、处暑、白露	四之气
			少阴君火	时段：秋分、寒露、霜降、立冬	五之气
			太阴湿土	时段：小雪、大雪、冬至、小寒	终之气：在泉
		巳、亥之年	阳明燥金	时段：大寒、立春、雨水、惊蛰	初之气
			太阳寒水	时段：春分、清明、谷雨、立夏	二之气
			厥阴风木	时段：小满、芒种、夏至、小暑	三之气：司天
			少阴君火	时段：大暑、立秋、处暑、白露	四之气
			太阴湿土	时段：秋分、寒露、霜降、立冬	五之气
			少阳相火	时段：小雪、大雪、冬至、小寒	终之气：在泉

六气	客主加临	子、午之年	主气		客气		客主加临
			初	厥阴风木	初	太阳寒水	客气生（克）主气为顺；主气生（克）客气为逆。相遇的客气和主气的五行属性相同者亦为顺。客主之气彼此是相生的，便相得而安和；如果彼此是相克的，便不相得而为病。
			二	少阴君火	二	厥阴风木	
			三	少阳相火	三	少阴君火	
			四	太阴湿土	四	太阴湿土	
			五	阳明燥金	五	少阳相火	
			终	太阳寒水	终	阳明燥金	
		丑、未之年	主气		客气		客主加临
			初	厥阴风木	初	厥阴风木	客气生（克）主气为顺；主气生（克）客气为逆。相遇的客气和主气的五行属性相同者亦为顺。客主之气彼此是相生的，便相得而安和；如果彼此是相克的，便不相得而为病。
			二	少阴君火	二	少阴君火	
			三	少阳相火	三	少阳相火	
			四	太阴湿土	四	太阴湿土	
			五	阳明燥金	五	阳明燥金	
			终	太阳寒水	终	太阳寒水	
		寅、申之年	主气		客气		客主加临
			初	厥阴风木	初	少阴君火	客气生（克）主气为顺；主气生（克）客气为逆。相遇的客气和主气的五行属性相同者亦为顺。客主之气彼此是相生的，便相得而安和；如果彼此是相克的，便不相得而为病。
			二	少阴君火	二	太阴湿土	
			三	少阳相火	三	少阳相火	
			四	太阴湿土	四	阳明燥金	
			五	阳明燥金	五	太阳寒水	
			终	太阳寒水	终	厥阴风木	

续表

六气	客主加临		主气		客气		客主加临
		卯、酉之年	初	厥阴风木	初	太阴湿土	客气生（克）主气为顺；主气生（克）客气为逆。相遇的客气和主气的五行属性相同者亦为顺。客主之气彼此是相生的，便相得而安和；如果彼此是相克的，便不相得而为病。
			二	少阴君火	二	少阳相火	
			三	少阳相火	三	阳明燥金	
			四	太阴湿土	四	太阳寒水	
			五	阳明燥金	五	厥阴风木	
			终	太阳寒水	终	少阴君火	
			主气		客气		客主加临
		辰、戌之年	初	厥阴风木	初	少阳相火	客气生（克）主气为顺；主气生（克）客气为逆。相遇的客气和主气的五行属性相同者亦为顺。客主之气彼此是相生的，便相得而安和；如果彼此是相克的，便不相得而为病。
			二	少阴君火	二	阳明燥金	
			三	少阳相火	三	太阳寒水	
			四	太阴湿土	四	厥阴风木	
			五	阳明燥金	五	少阴君火	
			终	太阳寒水	终	太阴湿土	
			主气		客气		客主加临
		巳、亥之年	初	厥阴风木	初	阳明燥金	客气生（克）主气为顺；主气生（克）客气为逆。相遇的客气和主气的五行属性相同者亦为顺。客主之气彼此是相生的，便相得而安和；如果彼此是相克的，便不相得而为病。
			二	少阴君火	二	太阳寒水	
			三	少阳相火	三	厥阴风木	
			四	太阴湿土	四	少阴君火	
			五	阳明燥金	五	太阴湿土	
			终	太阳寒水	终	少阳相火	

第四节　五运和六气的关系

1. 五运和六气的差异之一

五运为"五"，六气为"六"。五行有火而无热，六气既有火又有热。五行之火，有君火、相火之分。而六气之热，乃君火，六气之火，乃相火。在五运中，君火属阴，相火属阳；在六气中，热属阴，火属阳。

于是在五运的主运之中将一年分为五个时段。在六气的主气之中将一年分为六个时段。它们的起点都是从上一年的大寒节之初开始（这是因为大寒是阴尽阳生之日），至当年的大寒节之末结束。具体划分规则如下：

表26　主运和主气的时段

五运之主运	初运	二运	三运	四运	终运
	大寒至春分后13日之前	春分后13日至芒种后10日之前	芒种后10日至处暑后7日之前	处暑后7日至立冬后4日之前	立冬后4日至大寒之前
六气之主气	初之气	二之气	三之气	四之气	五之气	终之气
	大寒至惊蛰	春分至立夏	小满至小暑	大暑至白露	秋分至立冬	小雪至小寒

2. 五运和六气的差异之二

根据十天干合化规则每年的五运是由天干决定的。六气与每年的四季和十二个月关联，而十二个月与十二地支相对应，所以在一定意义上可以说六气是由十二地支决定的。

表27　客气、主气关系列表（1）

地支	六气	初之气	客主气关系	二之气	客主气关系	三之气	客主气关系
子午之年	客气	太阳寒水	水生木，相得	厥阴风木	木生火，相得	少阴君火	火同气，相得，亢
	主气	厥阴风木		少阴君火		少阳相火	
丑未之年	客气	厥阴风木	风同气，相得，亢	少阴君火	火同气，相得，亢	太阴湿土	火生土，主生客逆，不相得
	主气	厥阴风木		少阴君火		少阳相火	
寅申之年	客气	少阴君火	木生火，主生客逆，不相得	太阴湿土	火生土，主生客逆，不相得	少阳相火	火同气，相得，亢
	主气	厥阴风木		少阴君火		少阳相火	

续表

地支	六气	初之气	客主气关系	二之气	客主气关系	三之气	客主气关系
卯酉之年	客气	太阴湿土	木克土，主胜客逆，不相得	少阳相火	火同气，相得，亢	阳明燥金	火克金，主胜客逆，不相得
	主气	厥阴风木		少阴君火		少阳相火	
辰戌之年	客气	少阳相火	木生火，主生客逆，不相得	阳明燥金	火克金，主客客逆，不相得	太阳寒水	水克火，客克主顺，相得
	主气	厥阴风木		少阴君火		少阳相火	
已亥之年	客气	阳明燥金	金克木，客克主顺，相得	太阳寒水	水克火，客克主顺，相得	厥阴风木	木生火，相得
	主气	厥阴风木		少阴君火		少阳相火	

表28　客气、主气关系列表（2）

地支	六气	四之气	客主气关系	五之气	客主气关系	终之气	客主气关系
子午之年	客气	太阴湿土	客气、主气皆为土同气，相得，亢	少阳相火	客气火克主气金，相得	阳明燥金	客气金生主气水，相得
	主气	太阴湿土		阳明燥金		太阳寒水	
丑未之年	客气	少阳相火	火生土，相得	阳明燥金	燥同气，相得	太阳寒水	寒同气，相得
	主气	太阴湿土		阳明燥金		太阳寒水	
寅申之年	客气	阳明燥金	土生金，主生客逆，不相得	太阳寒水	金生水，主生客逆，不相得	厥阴风木	水生木，主生客逆，不相得
	主气	太阴湿土		阳明燥金		太阳寒水	
卯酉之年	客气	太阳寒水	土克水，主克客逆，不相得	厥阴风木	金克木，主克客逆，不相得	少阴君火	水克火，主克客逆，不相得
	主气	太阴湿土		阳明燥金		太阳寒水	
辰戌之年	客气	厥阴风木	木克土，客克主顺，相得	少阴君火	火克金，客克主顺，相得	太阴湿土	土克水，客克主顺，相得
	主气	太阴湿土		阳明燥金		太阳寒水	
已亥之年	客气	少阴君火	火生土，相得	太阴湿土	土生金，相得	少阳相火	水克火，主克客逆，不相得
	主气	太阴湿土		阳明燥金		太阳寒水	

　　前面介绍了三阴三阳的概念：太阴、厥阴、少阴、太阳、阳明、少阳，依据三阴三阳的划分，并赋予五行属性之后，六气是指：太阴湿土、厥阴风木、少阴君火、太阳寒水、阳明燥金、少阳相火。

　　在运气学说中是以十二地支为工具对六气进行推算和分析的，并称之为"十二支化气"。

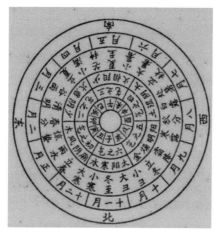

图 6　六气主时节气图之一　　　　　图 7　六气主时节气图之二

十二支化气

"十二支化气"之中有一个基本概念："主制为临，从侍为御。"《素问·六元正纪大论》（第七十一篇）云："寒、暑、燥、湿、风、火，临御之化也。"《素问·天元纪大论》（第六十六篇）云："动静相召，上下相临，阴阳相错，而变由生也。"

所谓"主制为临，从侍为御"，即是说：寒水、君火、相火、湿土、燥金、风木六气之中，分别具有阴和阳属性，二者一主一从，并相互激发。

刘温舒在《入式运气论奥·论客气》里做了明白的解释："六气分上下左右而行天令，十二支分节令时日而司地化。上下相召，而寒、暑（热）、燥、湿、风、火与四时之气不同者，盖相临不一而使然也。六气司于十二支者，有正对之化也。"这里所谓的"正对之化"是指"正化"和"对化"。

根据十二地支具体划分的六气如下：

逢子、午年，则为少阴君火之气所主；

逢丑、未年，则为太阴湿土之气所主；

逢寅、申年，则为少阳相火之气所主；

逢卯、酉年，则为阳明燥金之气所主；

逢辰、戌年，则为太阳寒水之气所主；

逢巳、亥年，则为厥阴风木之气所主。

分析如下：

子与午均为君火，其中，子居正北方，对应的月建为十一月，正北方的子与正南方的午相对，十一月与五月也相对，故子为对化；午居正南方，对应的月建为五月，南方与五月仲夏均属火，所以午为正化。

未与丑均为湿土，未居西南方，对应的月建为六月，六月为长夏，正当湿土旺季，故未为正化；丑居东北方，对应的月建为十二月，东北方的丑与西南方的未相对，六月与十二月也相对，故丑为对化。

寅与申均为相火，寅居偏东北方，对应的月建为正月，在时令为孟春，正当木气旺时，木能生火，为火之母，所以寅为正化；申居偏西南方，对应的月建为七月，七月初秋属燥金，是下半年的第一月，与上半年的第一月正月相对，偏东北方的寅与偏西南方的申也相对，故申为对化。

酉与卯均为燥金，酉居正西方，对应的月建为八月，正是西方金气旺盛的季节，所以酉为正化；卯居正东方，对应的月建为二月，二月为仲春月与仲秋月的八月相对，正西方的酉与正东方的卯也相对，故卯为对化。

戌与辰均为寒水，戌居偏西北方，对应的月建为九月，为秋金隆盛之时，金能生水，为水之母，所以戌为正化；辰居偏东南方，对应的月建为三月，三月为季春月与季秋月的九月相对，偏西北方与偏东南方也相对，故辰为对化。

亥与巳均为风木，亥居偏西北方，对应的月建为十月，为水令之孟冬月，水能生木，为木之母，所以亥为正化；巳居偏东南方，对应的月建为四月，四月为孟夏月，与孟冬月的十月相对，偏西北方与偏东南方也相对，故巳为对化。

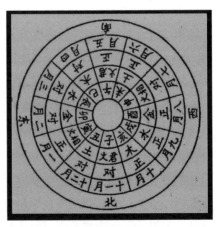

图 8　六气正对比图

第五节　五运六气和八字命理的主要差异

1. 二者的形成时间有先后

五运六气理论形成于唐代，其代表人物是王冰。而四柱推命术则是宋代徐子平在唐代李虚中的三柱推命法基础上拓展而来的。因此，二者形成的时间是五运六气理论在前，四柱推命术在后。

2. 理论体系不同

五运六气是以天地间的五运和六气来推测在每个流年宏观意义上人群的健康与疾病趋势的一套理论体系。其核心是将人体的经络系统与五运（金、木、水、火、土）和六气（风、火、热/暑、湿、燥、寒）关联起来。所以它的推测结论也是宏观和群体性的信息，然后可以在该年的五运六气大环境下推测人群整体的健康状况。由于没有结合每个人具体的情况，所以无法得出每个人的具体健康状况。

而四柱推命术是以八字来推算每个人一生当中的富贵贫贱、健康、寿夭、妻财、子禄的具体结果的一套理论体系。所以四柱推命术相比五运六气理论得出的结果更为具体和细化。但是，由于它没有与天地间的五运六气关联起来，所以对每个流年大环境下人群整体的健康状况推测是它的短板。

在上一章中介绍了十天干合化的依据出自"河图洛书"中的"一六共宗，二七为朋，三八为友，四九同途，五十同道"。在十天干中：甲为一，己为六，二者共宗，故有甲己合化土；乙为二，庚为七，故有乙庚合化金；丙为三，辛为八，故有丙辛合化水；丁为四，壬为九，故有丁壬合化木；戊为五，癸为十，故有戊癸合化火。

但是有一种观点认为，五运六气中的十天干合化把十天干简单地划分成五行。诸如：甲己合化土，于是甲木没有了，变成了土；乙庚合化金，于是乙木没有了，变成了金；丙辛合化水，于是丙火和辛金没有了，都变成了水；丁壬合化木，于是丁火和壬水没有了，都变成了木；戊癸合化火，于是戊土和癸水没有了，都变成了火。其结果是使得十个天干原有的五行属性消失，不再分析每个天干各自的五行属性所起的作用，显然是有缺失的，并不合理。笔者认为，这个看法有一定的道理。当然如果彻底否定十天干合化，也就不存在天干合化某个运的说法。那么五运六气缺少了一个重要的组成部分，整个理论体系将会不完整。关于这个问题历来没有一个得到公认的论述。作为一个严谨的理论体系，还需要关注五运六气理论的学者们进一步完善。

此外，对于十天干合化的依据有三种各不相同的解释（见第一章第一节之五）。而为什么十天干有合化，而十二地支只有三合、六合，却没有合化之说？这个问题目前也没有一个合理的解释。

3. 推测方法不同

从推测方法来看，五运六气理论最初只涉及一个人的年柱，即一个人出生年份的五运六气状况。因此五运六气理论对一个人出生的信息没有充分地分析研究。后来有一些学者对五运六气理论进一步研究和深化，例如，李阳波先生开始涉及月柱（参看李阳波《开启中医之门》）。而四柱推命术对一个人出生时间获取的年月日时辰信息，即年柱、月柱、日柱、时柱都要进行分析，所以信息量相比五运六气理论而言更加丰富完整。

从理论体系来看，五运六气是以五运和六气来推测每个流年社会人群的健康与疾病倾向的一套理论体系，五运六气的最大特色在于直观地与人体的"风、火、热、湿、燥、寒"和经络系统进行一定程度的对接，它一方面体现的是一种群体性的信息；另一方面体现的是一个人五运六气的一种倾向，因此，这只是一种指导，而不是一种定义。

如果将五运六气和四柱推命术结合起来进行推测，应该是一个很好的研究途径和方法。这正是笔者提出并研究"四五六之学"的初衷。

第四章　从四柱推断健康

古人云："不知易何以为太医。"自古以来有"易医"同源的说法，这是因为易学和医学都以阴阳五行理论为基础，以追求阴阳、五行之间的平衡为目标。易学经过几千年的发展，古代很早就有人知道采用阴阳平衡之法来判断和预测一个人的健康状况。《易传·系辞》云："原始及终，故知死生之说"，又云："阴阳交合，物之始，阴阳分离，物之终。合则生，离则死"。古人认为阴阳是决定天地间万物盛衰、生死和存亡的根本要素，即所谓的"纯阳不长，纯阴不生"。人是天地间的万物之灵，秉承了天地间的阴阳五行之气。而八字四柱反映了根据一个人出生的年、月、日、时辰所对应的阴阳五行属性。这些阴阳五行属性不但能推断出一个人一生的富贵贫贱、吉凶祸福等状况，还可以用来推断此人的健康、病灾和福寿等状况。因此可以说"四柱推命术"只是用四柱推算人的命理，没有充分发挥四柱的功能。这是它的缺失，而且误导了后来的人们以为四柱就是用来算命的。

对于四柱推命术，应该理性地看待，如果将它绝对化，那就是迷信。现代命理学家梁湘润先生在《命略本纪》中说："命理只有百分之六七十的或然率而已。"《中国命理学史论》的作者陆致极说："人出生的时空结构联系着生命信息，这是中华先人的一个伟大假说。近两千年来命理的理性探索，本质上是对这一假说做出的实证。传统命理学长期存在于民俗文化中，缺乏系统的整理，在发展过程中不可避免糅杂进了一些迷信的神秘纱幕、江湖术士的行骗手法。就因为这样，重新梳理中国古老文化的精神血脉才变得十分重要。"与此同理，笔者认为在运用四柱理论推断一个人的健康状况时也应该秉持这种理性的态度。

本书在第二章"四柱基本概念"中说过：所谓四柱就是给一个人出生的年、月、日、时辰配以天干地支的八个字。年份两个字（一个天干、一个地支）称为年柱，月份两个字（一个天干、一个地支）称为月柱，日子两个字（一个天干、一个地支）称为日柱，时辰两个字（一个天干、一个地支）称为时柱。年柱、月柱、日柱和时柱合称为"四柱"。由于十个天干和十二个地支都具有阴阳五行属性，一个人的五脏六腑状况反映出身体是否健康，而人的五脏六腑也具有阴阳五行属性，将二者对应起来再根据五行之间的比和、相生和相克关系，就可以从一个人的四柱推断此人的健康状况。

第一节　四柱推命术中与推断健康状况有关的术语

在四柱推命术的体系中有一百多个推断命理的专用术语，非命理学专业人士很难全面掌握。本书的主题是将四柱推命术和五运六气理论结合起来推断人的健康状况，并不涉及命理学，所以下面只列出了四柱推命术的最基本术语，以及与推断人的健康状况需要用到的一些术语。

命局——又叫命造，乃是四柱八字的统称，亦简称为"命"或"造"。其中，男性的生辰八字称为乾造，女性的生辰八字称为坤造。

三元——三元者即指天、地、人三元，天元指的是天干，地元指的是地支，人元指的是地支中的正气与余气。

日干（日主）——指出生日的天干，日干又名叫日主、日元、命主、日辰，日干又代表"我""身"，代表八字的本身，八字以日干为主，其他七字都以日干为中心。

透出——又称为"通根透出"，指地支中的藏干之某字与天干相同的五行，如地支是巳，在天干中见有丙字即为透出，因丙为巳支中藏干之正气。专指地支中藏干在天干中露出来的，所以又叫作透干。

月令（提纲）——指四柱中的月地支，由于它关系人的生死存亡，所以是一个人的命运的"提纲"，也称为"月令"。

太岁、岁君——简称"岁"，分为"游行太岁"和"当生太岁"。当生太岁是指出生年之干支，游行太岁是指每年的流年干支。太岁又称岁君，是当年发号施令、掌管值年的神煞。自古以来，对于"太岁"没有一个严格的定义。有多种说法：

1. 指当年的天干地支中的地支。例如 2016 年丙申年，申是地支，就是当年太岁；又如 2017 年丁酉年，酉是地支，酉就是太岁；等等。

2. 指当年值年岁神的名字。例如 2016 年值年太岁名字为管仲，管仲就是 2016 年的太岁；又如 2017 年值年太岁名字为唐杰，唐杰就是 2017 年的太岁；等等。

3. 指当年干支纪年的纳音。例如，2021 年为辛丑年，纳音是壁上土，它就是该年的太岁；2022 年为壬寅年，纳音是金箔金，它就是该年的太岁。

上面的三种说法中的第一种说法，即以年地支为太岁，是大家比较公认并广泛采用的。尤其是在民间将年地支与十二生肖对应起来之后，每年的太岁就具象化了，因此应用更加广泛。

岁运——岁指太岁即流年，运指大运，故太岁与大运统称为岁运。

岁运并临——是指一个人某一步大运的天干地支和流年（当年）的天干支相同。如有的人行庚辰大运，2000 年又是庚辰年，这样就有两个庚辰重现，就称为"岁运并临"。人在一生中，都会遇到岁运并临，有的人一生遇到一次或两次，有的遇到三次，还有的小孩一生下来就遇到岁运并临的状况。

犯太岁——若一个人出生的年地支与流年的年地支相同，则称为犯太岁。根据这个说法，一个人的本命年就是犯太岁，凡是犯太岁之年大多有不顺之事，古人云："太岁当头坐，无灾就有祸"，凡事多加谨慎。

冲太岁——凡是出生年的地支与流年的地支为六冲，则该年就是冲太岁。如虎年出生的人遇到流年为猴年（寅申相冲），羊年出生的人遇到流年为牛年（丑未相冲）；等等。

大运——以月柱为根（出发点），阳年生男，阴年生女，由月柱干支顺行；阴年生男、阳年生女由月柱干支逆排。甲、丙、戊、庚、壬为阳年，乙、丁、己、辛、癸为阴年，以十年为一步大运，一般排七步大运。

流年——流年指的是太岁，流年干支每年一换，依六十甲子顺序排列，比如今年甲子，明年乙丑……推排八字时，从年柱干支向下排至六十年，又从头顺起，周而复始，循环不已。

小运——小运以 1 年为一个单位，由时柱干支开始，按六十甲子顺逆排列的时间段，阳男阴女顺排，阴男阳女逆排。这样得到的天干地支就称为小运。例如：1998 年戊寅年蒲月（即农历五月）初六壬子时生男，由于时干支为壬子，根据男性顺排的规则，其 1 岁的小运是癸丑，2 岁是甲寅……顺排下去；如果是生女，则 1 岁起辛亥，2 岁起庚戌……逆行排之。起小运是以虚岁为准。小运的影响在每年中都有。

月运——某个月份当令，称为流月。月运指流月所行之运，流月排法以五虎遁歌诀推排十二个月，即甲年正月为丙寅、二月为丁卯、三月为戊辰、四月为己巳……

日干三围——即月干、时干、日支围绕着日干。（注：所谓"三围是指月干、时干和日支"，亦即围绕着日干的两个天干和一个地支。）

六亲——是指父母、夫妻、兄弟、姐妹、子女，这五个亲属关系加上"我"（即命主本人），一共为六个，故称为六亲。它们之间的关系是：生我者为父母，我生者为子女，克我者为官鬼，我克者为妻财，比和者为兄弟。

父母——在四柱推命术中，生我者为父母，指偏财为父，正印为母。

兄弟——在四柱推命术中，以比肩为兄弟。

姐妹——在四柱推命术中，以劫财为姐妹。

夫妻——凡女命以正官为夫，无正官则以七煞为夫，统称为官星。凡男命以正财为妻，无正财则以偏财为妻，简称以财星为妻。

子女——凡男命以七煞为子，正官为女。凡女命以伤官为子，食神为女。我生者为子，指食神和伤官。

十神——十神是指四柱中的十种神煞，即比肩、劫财、偏官、食神、伤官、正财、偏财、正官、正印、偏印。

印星——指正印、偏印的统称，八字中正印与偏印合称为印绶，因绶乃授权之意，故又称之印绶。印绶乃正、偏印之总称。其中有枭印和偏印之分：

枭印又叫"枭神""倒食"，乃偏印之名称。柱中偏印而又见偏财的叫作偏印，没有偏财见食神者称作枭印。

四吉神——正官、正财、正印、食神为四吉神。它们若临喜用神则吉，若临仇忌神则凶。食神为福星，又叫文星。

四凶神——七煞、伤官、枭印、羊刃，在四柱中为仇、忌神主凶，若为喜用神反主吉。

官星——乃正官和偏官的统称。

七煞（杀）、偏官——煞者乃"鬼""敌"之称。从比肩数起，至第七位为偏官，且无食伤制者，则为"七煞"。若有克制，则为偏官。

官煞（杀）——官者管也；煞者，杀也。指正官、七煞。柱中正官太多时，也以煞论。

元辰——元辰又名叫大耗，乃不吉之神。男命逢之主其人形貌丑陋，鼻低口大，目生凶光，声音沉浊，命逢生旺者，落通大度，是非不辨，善恶不分。若临死绝之地，则其人穷酸薄劣，声音浑浊，破败坎坷。若女命犯了元辰，主其人声雄性浊，不遵礼法，一生多灾，好欲多淫，信神信鬼，一生多灾，并且生子顽劣不孝。

用神——即四柱中有用之神，是指四柱中对于日干具有补缺失以及促进助成作用的五行中其他的行。所以它的五行属性是四柱中最主要的属性之一。四柱命局以用神为核心，用神健全有力与否，影响人一生的命；而一生是否有补救，会影响人一生的运。它具有调正命造中和、补弊救偏、扶助抑制、用药去病的作用。例如，日干为壬，其五行属性为水。在四柱中其余的五行属性为金者，由于金生水，所以五行属性为金的那一个五行即是用神。用神在四柱中出现的即为好的命格，若在四柱天干和地支藏元都不见用神，乃是贱命。

喜神——又称喜用神，四柱中对用神生助有利，保护扶救用神者即是喜神。凡用神之力不足，四柱中有生助用神者，或者四柱之中虽有凶神来刑克冲害用神，但若有能制化凶神者，则称为喜神。

忌神——凡侵害（克、冲、害）用神的称为忌神。如日干旺，比劫多，以正官为用神。如果正官太弱，弱者需要生扶，则生正官的财星为喜神。如遇到伤害正官的伤官则为忌神。即对用神喜神克害的不利之五行，也就是八字中最忌讳之神。

仇神——生用神者为喜神，克用神者为忌神，生忌神克喜神者谓仇神。论命时要区分喜用仇忌的作用。

闲神——在命局中无用之神叫闲神。它既不是喜吉之神，也不是仇忌之神，它的作用很小，命中虽有闲神，行到了凶运时，如果有破命式之神，闲神可起到预防作用。

本气——指地支本身所藏五行之气，又叫正气。如子支中本气为癸水，酉支的本气为辛金，卯支中的本气为乙木，还有午支中的丁火也叫本气，这里的本气是专指地支五行的本来之气，其他的叫作杂气。

杂气——是指地支本气之外的藏干谓之杂气，又称作"他气"，如寅支的人元中藏甲木、丙火、戊土，甲木是正气，丙火和戊土是杂气。

暗藏——即地支中本气没有在四柱天干上透出，而只是在地支人元中暗藏，这就叫作某支五行暗藏。

比助——用神衰弱无力时，需要比肩、劫财助身，用神衰弱无力，也需同类五行来帮助，这就叫作比助。

通根——是指四柱的天干与某一地支中藏干相同之字叫通根。通根是专指天干而言，如四柱中的天干中有癸，而地支见子，即为通根，通根即表示根深蒂固之意，若癸水见丑，丑中也有人元癸水，也可以说是通根，但毕竟是余气，不如子水之本气有力，子中癸水强而有根，通根是杂气者，谓之暗藏。

无根、有根——命理学上的有根之命是指日干在四柱地支中得到帮助。这个地支，包括年支、月支、日支、时支，而非单指月支而言。当然、年干、月干、时干亦可以此而论之，以衡量其干之强弱。反之，无根之命是指八字没有根的意思。简单地说，日干得不到四柱中地支的相助。所以在八字之中日干对应的五行偏弱。细论如下：

日干为甲或乙，若地支中有寅、卯、辰中的一字（东方木）；或亥、卯、未中的一字（合木局）；或亥、子之一（水生木），则为甲乙木有根，反之则为无根。

日干为丙或丁，若地支中有巳、午、未中的一字（南方火）；或寅、午、戌中的一字（合火局）；或寅、卯之一（木生火），则为丙丁火有根，反之则为无根。

日干为庚或辛，若地支中有申、酉之一（西方金）；或巳、酉、丑之一（合金局）；或辰、戌、丑、未之一（土生金），则为庚辛金有根，反之则为无根。

日干为壬或癸，若地支中有亥、子之一（北方水）；或申、子、辰中的一字（合水局）；或申、酉之一（金生水），则为壬癸水有根，反之则为无根。

日干为戊或己，地支中有辰、戌、丑、未中的一字（四季土）；或寅、午、戌之一（合火局）；或巳、午之一（火生土），则为戊己土有根，反之则为无根。

通库——通库又叫墓库，三合局中最后一个地支是三合得到的局的库。例如四柱的四个天干中有属火的丙或丁，同时在四柱的四个地支中有戌，由于寅午戌构成三合火局，于是这个戌就是丙丁火之库。它的本质是"天干通库"，即丙或丁通库。如果通库的天干是日干则为"日干通库"，有一个说法："日干虽得比劫助，不如命中得一库"，所以通库的助力最强。

其余的三合局是巳酉丑三合金局、申子辰三合水局、亥卯未三合木局，其中丑是金库，辰是水库，未是木库。

格局——即八字之命格，分为正格、变格、杂格。

化气格——是指十天干合化：甲己合化土、乙庚合化金、丙辛合化水、丁壬合化木、戊癸合化火。在四柱中应用合化时，凡天干二干合化，必须有一干是日干自身。凡是四柱中的年、月干相配或月、时干相配等，皆不以合化论，更不构成化气格。

提纲——月柱谓提纲，又叫月建、月令、月提、月垣，统称叫作"提纲"。

从财——指四柱中财旺身弱，取财为用神即从财。

从煞——日主衰弱，四柱官煞旺或透干，不见食伤制煞，只有顺官煞谓之从煞。

从儿——我生者为儿，从儿即从食伤。地支构成三合、三会是日主的食神或伤官，若四柱的天干之中不见印星，即是从儿。

从旺——若四柱不见官煞，且比劫、印绶强旺之极，必从其旺气以比劫、印绶为用，此即从旺。

扶抑——扶者帮扶也，抑者制也，此乃八字取用之法。凡日主弱者用印绶生扶，凡日主强者取官煞抑制，以求日主平衡。

病药——以扶为喜，则以伤其扶者为病；以抑为喜，则以去其抑者为病。除其病神，即谓之药。此以病药取用神也。

调候——八字命局以中和为贵，寒、暖、燥、湿皆为太过或不及，一般取用之法，夏季之热需水来调候，冬季之寒需火来调候，意即若过于寒凉，需用暖药来医，若过于热需用寒药来治，若过于湿需用燥药来医，若过于燥需用湿药来治，此类情形谓之调候。

通关——八字取用之方法，如八字中出现两个行相争，且势均力敌时，须在两者之间对双方进行调解，以使命局气势流通，此类情形谓之通关。这个能调解通关的就是用神。

通气——若天干见到本气三会局（注意：不是三合局）最后一个地支者叫作通气。如天干是丙丁，地支见有未土叫作通气（巳午未的未字为三会局最后一字，因丙丁通根于巳午）；如天干是庚辛金，地支中见有戌土的；如天干是壬癸，地支中见有丑土；如天干是甲乙，地支中见到辰字的；上述诸种情形都谓之通气。通气又叫余气，又叫得气。也就是以天干起十二宫，遇到"衰"字的叫作得气。

中和——五行贵乎中和，即寒暖燥湿适中，不强不弱，没有冲克刑害，这是最理想的格局。

得势——得势者乃党多势众，如四柱中多见比肩和印绶，使日主强旺，叫作得势。

得令——四柱中日干的五行属性与出生的月份、季节的五行属性比和或得到生助，则称为得令。例如，甲乙日干生于春天，丙丁日干生于夏天，庚辛日干生于秋天，壬癸日干生于冬天。

强旺——日主得到印星、比劫众多生助者为"强"。日主生于当令之月谓之旺，如甲乙木生于春天，丙丁火生于夏天……

衰弱——日主不得时令为"衰"，失势、失地谓之"弱"，在应用中凡日主五行未达到中和时，不管是失令、失势或失地，皆谓之"弱"。

克制——日主太强旺，若取官煞为用神，谓之"克制"。

泄耗——日主太强旺时，可用食伤泄身，若没有食伤来泄，可用财来耗之。但是用耗的方法，不如用食伤来泄为好。

盗气——凡日主已经衰弱而又有食伤的谓之"盗气"，凡日主强却有食伤的叫作"泄气"。

偏祜——若日主已经强旺至极，四柱中却又多比劫、印星生助的叫作"偏"。若日主衰弱，喜有比劫帮助和印星生扶，但如果柱中不见比劫和印星，或者虽有印星、比劫相扶但没有力量来生扶，这就叫作"祜"。

寒暖——冬季亥子丑三个月为寒，夏季巳午未三个月为暖，五行金水为寒，火土为暖。

燥湿——命局中水多为"湿"，火多为"燥"为"热"。比如地支中的癸水为湿水、己土为燥土、卯木为纯木，酉金为纯金，火无有燥湿之分，地支辰遇天干戊为湿土，遇天干乙为湿木。地支戌遇天干戊为燥土，遇天干辛为燥金。丑土遇天干己为湿土，遇天干辛为湿金。未土遇天干己为燥土，遇天干乙为燥木。寅木遇天干甲为燥木，遇天干戊为燥土。申金遇天干庚为湿金，遇天干戊为湿土，巳火遇天干庚为燥金，遇天干戊为燥土。亥水遇天干甲为湿木。

清浊——所谓清，即是清纯的意思，这里指女命而言，如女命中只有一官或一煞，清纯而不破局，五行均匀顺畅谓之清。所谓浊，就是混而不清，如女命出现五行失位，制化重重，冲、克、刑多见，这就是谓之浊。

刚柔——刚柔者，刚柔相济之义。古有该刚则刚，该柔则柔。只刚不柔，则难以相济，只柔不刚，难称其刚。凡君子既有阳刚之气，又有柔和之性，此即为刚柔。

和——即和平的意思，八字自身刚柔，只有一位正官星，并藏在月支之中，柱中又没有冲破之神，秉中和之气谓之和。

静和——静者乃安静，和者乃和平，静和就是气静平和，既刚又和，不偏不祜。真正静和的女命，首先要具有官煞不杂，表现在命局中只有一官或一煞，或官露煞藏，或者煞露官藏，五行中和，不偏不枯，凡此命格谓之静和。

孤官无辅——八字中正官一位，又有生官的财星，谓之财官两旺，但若没有财星辅助，则为孤官无辅。

官星被合——指有用正官格而言，格中正官不宜被他柱来冲克合破，若被合住，则主官运不通。

官星坐禄——即正官坐在禄地，比如日干乙木以庚金为正官，庚以申为禄，如果柱中有"庚申"，则为官星坐禄。

财官相生——财是官的原神，财能生官，柱中有财又有官，谓之财官相生。

日犯岁君——古书云："岁伤日干有祸反轻，日犯岁君祸灾必重。"岁君如国家法律一样，千万不可硬碰，碰之必有灾祸。所以，日犯岁君主灾重，岁君犯日干灾轻。

岁运交战——指流年干支与大运干支互相冲克，岁运遇到天克地冲，谓之岁运交战。

岁运并临——指流年干支与大运干支相同，即岁运伏吟。如甲子流年逢甲子大运，遇之主病耗刑伤，但若逢喜用反主吉利。

天克地冲——四柱中任何一柱干支与流年或大运的干支有天干相克、地支相冲，例如甲辰与庚戌，天干甲庚相克，地支辰戌相冲，谓之天克地冲。

循环三刑——命局、大运和流年，犯三刑者谓循环三刑，如命局上临寅，大运上临申，流年又逢巳，犯此者该年必有刑伤之灾。

六亲入墓——墓者乃墓库也，坟墓也。以十二宫推算，六亲中哪一亲入墓都主该亲有死亡灾厄。如：偏财入墓，行运人比劫，又是比劫生旺之年，偏财逢克，若偏财是父亲，逢冲而又入墓，预示该年是父亲寿终之年。若母亲为印星，如行运走财旺之乡，印星逢空入墓，则该年乃母亲寿终之年。与此类似的如：正财为妻，女命食伤为儿女，男命以官煞为儿女，日主为命主本人，皆忌入墓。但若身弱逢墓则反来助身。

身弱煞旺——日主极弱，本来就怕官煞克身，但命局中偏偏遇到煞多而旺者，谓之身弱煞旺，遇到这样的八字，要注意生命安全。

煞重身轻——指日主本身失令（与时令不合），又有七煞太旺克身。

身强煞浅——若日主太旺，而七煞太弱，则无力克制日主。

印绶护身——若柱中日干弱，但有印星来生助日主，则为称印绶护身。

生克制化——生克制化是推算八字的主要法则，这里的生，指五行相生。克是指五行相克，制是五行制约。化是指合化、化解之意。

吉命——四柱中吉星多，且为喜用神，则为吉命。吉星有天乙贵人、天德、月德、文昌、十干禄、福星、天医等。亦称为吉星照命。

凶命——四柱中凶星多，且为仇忌神，则为凶命。凶星有羊刃、劫煞、桃花、丧门、吊客、十恶大败、天罗地网、六厄等。则称为凶星照命。

富命——日主旺，又有财星为喜用神，有力且不遭破坏。

贵命——日主旺，且官煞为喜用神而有力，不来破坏。

寿命——五行均匀、中和，寿元星不受刑冲克害者主寿。

贫命——财星无气，或财遇劫，日主强旺，偏又逢比劫旺助。

贱命——日主旺，财轻劫重而官藏。官轻印重，官轻劫重而无财。日主弱，官煞重，而印轻，或印轻食伤重。

以上术语不仅在推算一个人的命运时需要用到，而且可以扩展运用来分析一个人的健康状况甚至寿元。这既是对传统命理学理论的补充应用，也正是"四五六之学"的主要内容之一。

第二节　天干地支与五脏六腑、经络、肢体和毛发的对应关系

一个人的四柱中有八个字，其中四个天干和四个地支，由于天干地支具有五行属性，人体的五脏六腑、经络、肢体和毛发也具有五行属性，所以它们之间构成了对应关系。对应的规则是：天干地支的五行属性与五脏六腑的五行属性须相同。

五脏是指肝、心、脾、肺、肾。由于五脏藏精气而不泄，属里，故为阴。六腑是指胆、胃、小肠、大肠、膀胱、三焦。由于六腑传化物而不藏，属表，故为阳。举例说明如下：

天干中的甲、乙属木，其中甲为阳木，乙为阴木。肝、胆的五行属性都为木。但是肝是五脏之一，其阴阳属性为阴，所以肝为阴木，对应于乙。而胆是六腑之一，其阴阳属性为阳，所以胆为阳木，对应于甲；等等。

一、木：天干中的甲和乙，以及地支中的寅和卯的五行属性皆为木。木对应于人体的免疫系统，以及肝胆神经系统。主要包括肝、胆、头、项、关节、筋脉、眼、神经、肢体、毛发。具体的对应关系如下：

甲——头、胆。

乙——肝、项。

寅——臂、肢、胆、筋、脉、毛、发、风门穴。

卯——肝、胸、目、手、爪、筋。

二、火：天干中的丙和丁，以及地支中的巳和午的五行属性皆为火。火对应于心脏系统、血液循环系统、内分泌系统等。主要包括小肠、心、肩、血液、经血、脸部、牙齿、舌头、腹部、神经、血管、血压。具体的对应关系如下：

丙——肩、小肠。

丁——心、血液。

巳——面、牙齿、心胞络、三焦、咽喉。

午——心腹、小肠、目、舌、神气。

三、土：天干中的戊和己，以及地支中的丑、辰、未和戌的五行属性

皆为土。土对应于消化系统、皮肉、腹部等。主要包括脾、胃、肋胁、腹、背、胸、肺、肚、皮肉、肿块。具体的对应关系如下：

　　戊：胃、肋胁（天干）；背、肺（地支）。

　　辰：背、胸、项、肩、皮肤。

　　己：脾、腹。

　　丑：肚、腹、脾、肌、肉。

　　未：脾、胸、胃、腹、口、唇、齿。

　　戌：命门、胸、筋、臀、腿、膝、足。

　　四、金：天干中的庚和辛，以及地支中的申和酉的五行属性皆为金。金对应于呼吸系统等，主要包括肺、大肠、肝、脐、股、声咳、气管、鼻、皮肤、痔疮、呼吸系统、骨骼、牙齿。具体的对应关系如下：

　　庚：肠、脐。

　　辛：肺、股。

　　申：咳、肺、大肠、筋骨、经络、声音。

　　酉：肺、鼻、皮毛、声。

　　五、水：天干中的壬和癸，以及地支中的子和亥的五行属性皆为水。水对应于循环系统、泌尿系统、生殖系统等。主要包括：肾、膀胱、胫、足、头、会阴、尿道、阴气、腰、耳、子宫、疝气、生殖系统、血液、汗。具体的对应关系如下：

　　壬：膀胱、胫。

　　癸：肾、足、精。

　　子：会阴、耳、腰、液、溺。

　　亥：肾、头、阴囊、髓、精。

歌诀云：

　　甲胆乙肝丙小肠，丁心戊胃己脾乡。庚是大肠辛属肺，壬系膀胱癸肾藏。

　　三焦亦向壬中寄，包络同归入癸方。甲头乙项丙肩求，丁心戊肋己属腹。

　　庚是脐轮辛属股，壬胫癸足一身由。子属膀胱水道耳，丑为胞肚及脾乡。

　　寅胆发脉并两手，卯本十指内肝方。辰土为皮肩胸类，巳面齿咽下尻肛。

　　午火精神司眼目，未土胃脘隔脊梁。申金大肠经络肺，酉中精血小肠藏。

　　戌土命门腿还足，亥水为头及肾囊。午头巳未两肩均，左右二膊是辰申。

卯酉双肋寅戌腿，丑亥属脚子为阴。干首坤腹坎耳俦，震足巽股艮手留。

兑口离目分八卦，凡看疾病此中求。

列表如下：

表 29　天干与五脏六腑的阴阳五行属性对应关系

天干	甲	乙	丙	丁	戊	己	庚	辛	壬	癸
阴阳五行属性	阳木	阴木	阳火	阴火	阳土	阴土	阳金	阴金	阳水	阴水
五脏（阴）		肝		心		脾		肺		肾
六腑（阳）	胆		小肠	三焦①	胃		大肠		膀胱三焦	

①　三焦乃六腑之一，是中医藏象学说中一个特有的名词，是上焦、中焦和下焦的合称，位于躯体和脏腑之间的空腔，包含胸腔和腹腔，人体的其他脏腑器官均在其中。即将躯干划分为 3 个部位，横膈以上内脏器官为上焦，包括心、肺；横膈以下至脐内脏器官为中焦，包括脾、胃、肝、胆等内脏；脐以下内脏器官为下焦，包括肾、大肠、小肠、膀胱。

表 30　地支与五脏六腑的阴阳五行属性对应关系

地支	子	丑	寅	卯	辰	巳	午	未	申	酉	戌	亥
阴阳五行属性	阳水	阴土	阳木	阴木	阳土	阴火	阳火	阴土	阳金	阴金	阳土	阴水
五脏(阴)		脾		肝		心		脾		肺		肾
六腑(阳)	膀胱三焦		胆		胃		小肠		大肠		胃	
功能	膀胱：主通降，协调。三焦：见□	主肌肉，助运化，开窍于口。	主筋，开窍于目。	主藏血、筋，开窍于目。	主肌肉，助消化，开窍于口。	主血脉、神志、情绪，开窍于舌。	同心。	主肌肉，助运化，开窍于口。	同肺。	通咽喉、气管，主皮毛，开窍于鼻。	主肌肉，助消化，开窍于口。	开窍于耳，司二便。

表中依据的是阴阳五行属性与脏腑之间的对应关系，与上面的歌诀不尽相同，应以此表为准。

□：三焦分为上焦、中焦、下焦：上焦主气司呼吸、朝百脉，能够宣化，将水谷精微布散到周身；中焦主运化，腐熟水谷，化生精微，化生气血；下焦主分清泌浊、排泄尿液和大便（与肾的"司二便"类似）。

第三节　先天体质按五行属性分类

组成四柱的四个天干、四个地支，共八个字，包含了一个人出生时的天体运行的基本状态，既蕴含了一个人今后的命运信息，也包含了此人的先天体质状况信息。

《灵枢·阴阳二十五人》运用阴阳五行学说，结合人体肤色、体形、禀性、态度以及对自然界变化的适应能力等方面的特征，归纳总结出木、火、土、金、水五种不同的体质类型，这是划分人的体质的方法。五行中每一行代表了一种类型的体质，每一种体质类型在体形、禀性等方面的特征是基本一致的，但是在每个具体的人的行为作风上会有差异。二者的关系类似于哲学中的普遍性和特殊性。

中医的传统理论用五行属性把我们的体质分成：木形人、火形人、土形人、金形人、水形人五种类型。

一、木形体质

1. 特征

皮肤呈苍色，头小，面长，两肩广阔，背部挺直，身体小弱，手足灵活。有才能，好劳心，体力不强，多忧虑，好管闲事，做事勤劳。

这种人对于季节的适应特点是：大多能耐于春夏，不能耐于秋冬，感受秋冬寒冷之气的侵袭，就容易生病。易患肝系统疾病。调理应以疏肝健脾和调阴阳为主。此外，精神上保持乐观开朗，少生气，多进行以炼气为主的运动。

2. 木形体质的调养进补

木形体质的人要养肝气。宜多服疏肝健脾、清热祛湿的食物或药食两用之品，如薏苡仁、淮山、玫瑰花、郁金、佛手等。

药膳可选择郁金佛手蜜饮：郁金15克，佛手12克，蜂蜜30克。将郁金、佛手用冷水浸泡20分钟后入锅，加适量水，煎煮30分钟，去渣取汁，待药汁转温后调入蜂蜜即成。有疏肝理气、清热解郁的功效。

艾灸选穴：内关穴、神阙穴、足三里穴、三阴交穴。

二、火形体质

1. 特征

皮肤呈赤色，脊背肌肉宽厚，脸形瘦尖，头小，肩背髀腹匀称，手足小，步履稳重，反应敏捷，走路时肩背摇动，背部肌肉丰满。其性格急性子、暴脾气，轻财，缺乏信心，多虑，明事理，爱漂亮，往往不能享有高寿而突然死亡。

这种人对于季节的适应特点是：大多能耐于春夏，不能耐于秋冬，感受秋冬寒冷之气的侵袭，就易于生病。这种人易患心血管系统的疾病。调理应平心定志，益肾养肝。此外，精神上宜乐观随和，控制脾气，特别是老年人，脾气暴可能会引起高血压、中风等心脑血管疾病的发作。多做踏青等能陶冶情志的活动。

2. 火形体质的调养进补

火形体质的人宜多服疏肝解郁、清热祛湿的食物或药食两用之品，如青瓜、蒜薹、枇杷、杨梅、番茄、扁豆、苡仁、木棉花、郁金等。

药膳可选择扁豆苡仁粥：扁豆 20 克，薏苡仁 30 克，木棉花 30 克，猪瘦肉 200 克，粳米 200 克。将猪瘦肉洗净，切片，扁豆、薏苡仁、木棉花洗净，与淘洗干净的粳米一同放入砂锅内，加适量清水，大火煮沸，小火熬煮成粥即成。有清热健脾祛湿的功效。

艾灸选穴：委中穴、太冲穴、肾俞穴、命门穴。

三、土形体质

1. 特征

皮肤呈黄色，面圆，头大，肩背丰厚，腹大，大腿到足胫部都生得壮实，手足不大，肌肉丰满，全身上下都很匀称，步履稳重，举足轻。他们内心安定，助人为乐，不喜依附权势，爱交朋友，喜欢帮助人。

这种人对于季节的适应特点是：大多能耐于秋冬，而不能耐于春夏，感受春夏温热之气的侵袭，就容易生病。这种人调理宜乐观畅达、益肾祛湿。这类人易出现腹胀、恶心、腹泻等脾胃不适症状。精神上要做到心平气和，避免肝郁克脾。可选择慢跑，球类（如篮球、羽毛球、乒乓球）等，以不疲倦为度。

2. 土形体质的调养进补

土形人宜健脾祛湿，多吃清热祛湿、健脾理气之品，如冬瓜、香蕉、菠萝、陈皮、淮山、扁豆、薏苡仁、鸡蛋花等。

药膳可食用半夏山药粥：法夏 15 克，鲜山药 200 克，陈皮 5 克，粳米 200 克。将法夏用温水淘洗数次，以除去矾味，再将山药洗净去皮，切成丁。把法夏、陈皮放入砂锅内，加适量水，煎取 300 克清汤，去渣后放入淘洗干净的粳米、山药，加适量清水，熬煮成粥。有健脾和胃祛湿的功效。

艾灸选穴：极泉穴、曲池穴、阴陵泉。

四、金形体质

1. 特征

皮肤呈白色，面庞方正，头小，肩背小，腹小，手足小，足跟坚厚而大，好像有小骨生在足跟外面一样，骨轻。为人清白廉洁，性情急躁刚强，办事严肃果断利索。皮肤较白，方脸，四肢清瘦，动作敏捷。为人清廉，办事雷厉风行。调理以静心安神为主。

这种人对于季节的适应特点是：大多能耐于秋冬，不能耐于春夏，感受春夏温热之气的侵袭，就易于生病。这类人要当心哮喘、过敏、咳嗽等肺系疾病。春天一定要"捂"，适合慢跑、羽毛球等运动。

2. 金形体质的调养进补

宜益肺补肾，多吃疏肝清热，益肺补肾之品，如枇杷、茉莉花、薏苡仁、冬瓜仁、蜂蜜、桑椹、芝麻、花生等。

药膳可以选择薏苡仁芡实橘皮粥：薏苡仁50克，芡实15克，橘皮5克，粳米200克。将薏苡仁、橘皮洗净，与淘洗干净的粳米一同放入砂锅内，加适量水，先用大火煮沸，再用小火煨熬成粥。有疏肝解郁、培补脾肾的功效。

艾灸选穴：内关穴、郄门穴、太冲穴。

五、水形体质

1. 特征

皮肤呈黑色，面部不光整，形体较胖，个头偏矮，头大，颊腮清瘦，两肩狭小，肚腰臀稍大，手足好动，行路时身摇，尻骨和脊背很长。他们的禀性无所畏惧，善于骗人，以致常因杀戮致死。手指短，发密而黑，怕寒喜暖。

这种人对于季节的适应特点是：大多能耐于秋冬，不能耐于春夏，感受春夏温热之气的侵袭，就易于生病。这种人易患肾系统疾病。调理宜健脾益肾，温中祛湿。易出现恶心、口苦、胃脘胀闷等症状，宜安定心神。宜选动静结合的运动，如太极拳、太极剑，或选择慢跑、球类运动等。

2. 水形体质的调养进补

宜多做户外运动，应多吃健脾祛湿之品，佐以调补肝肾之品，如淮山、土豆、扁豆、茯苓、土茯苓等。

药膳可选择参枣米饭：太子参15克，陈皮6克，白术10克，茯苓15克，土茯苓10克，大枣20克，粳米250克。将太子参、陈皮、白术、茯苓、大枣放在锅内，加适量水泡发后煎煮半小时，去渣取汁备用。将粳米淘洗干净，放入锅中，加入药汁及适量清水，用大火煮沸，小火煮成米饭即成。有补气养脾和胃的功效。

艾灸选穴：关元穴、中脘穴、丰隆穴、解溪穴。

第四节　从中医理论结合四柱元素区分先天体质的类型

根据一个人四柱中干支的五行属性和此人出生时五行旺、相、休、囚、死状态，按照中医理论可以分为以下先天体质类型：湿寒型、偏湿寒型、燥热型、偏燥热型、淤毒型、冲克动荡型、基本平衡型、流通平衡型等。本书将说明其中主要的几种体质类型，并举实例分析。读者可以自行分析其余的体质类型。

一、先天体质类型

1. 湿寒型体质

凡生于冬季、初春之人，四柱水多、无火或火虚弱，则为寒湿。凡寒湿类型之人，畏寒不怕热，稍饮生冷食物就拉肚子，时常脾胃寒胀，脊背疼痛。脉细数少、尿白、心脏力弱、大便偏稀。寒湿型体质在幼童时对冷空气最敏感，稍有着凉，就流清鼻涕、拉肚子。

（1）四柱中见旺水克丁火（月干），易患心脏病。

以下面的命造为例，分析如下。

坤造：庚子、丁亥、癸丑、癸亥。

此人生于农历十月，已是冬季。四柱中月干为丁火，但年支为子水、月支为亥水、日干和时干皆为癸水，时支又为亥水。四柱中有五个水，且冬季水太旺，水旺则寒，这么多的水来克火，导致火处于弱的状态。因此对五行属性为火的心脏和心血管系统不利，易患心脏病。尤其是在行运、流年再遇到火弱水旺的运程和年份时更易患病。以行运为例分析如下。

此人为女性，生于子年（阳年），从月柱开始逆推排大运：

第一大运　丙戌（屋上土）　　第二大运　乙酉（泉中水）

第三大运　甲申（泉中水）　　第四大运　癸未（杨柳木）

第五大运　壬午（杨柳木）　　第六大运　辛巳（白蜡金）

第七大运　庚辰（白蜡金）　　第八大运　己卯（城墙土）

第九大运　戊寅（城墙土）

此人第二大运和第三大运的纳音为泉中水，由于水克火，使得火处于弱势，所以在这二十年间，此人容易患血稀不敛、心脏衰弱等心血管系统的疾病。具体是哪一年还需要分析在此期间的每个流年的纳音而确定。

（2）八字见水多漂木，先患脾胃病，后患肝病。

乾造：丁亥、癸亥、甲午、癸酉。

此人生于农历十月，已是冬季。四柱中年支为亥水、月干为癸水、月支为亥水、时干为癸水，且冬季水太旺，水旺则寒，这么多的水来克火，导致火处于弱的状态。年干丁和日支午为火，受旺水的克制，导致心脏和心血管系统较弱。四柱中仅日干甲为木，缺少生火之木，且由于水多又旺，"水泛则木浮"，所以甲木对应的肝脏也容易患病。此外，四柱缺土，此人胃肠功能、消化系统会有病变的可能。再加上仅有时支酉属金，而金主胰腺，被多个水来泄（金生水），所以此人易患糖尿病。

以下分析其运程。此人为男性，生于亥年（阴年），从月柱开始逆推排大运：

第一大运　壬戌（大海水）　第二大运　辛酉（石榴木）
第三大运　庚申（石榴木）　第四大运　己未（天上火）
第五大运　戊午（天上火）　第六大运　丁巳（沙中土）
第七大运　丙辰（沙中土）　第八大运　乙卯（大溪水）
第九大运　甲寅（大溪水）

此人在第一大运行壬戌运，为大海水，能生助日干甲木，而且第一大运期间年纪尚幼，故"水泛则木浮"的作用并不明显，肝脏相对安全。但是到了第八大运（乙卯，大溪水）和第九大运（甲寅，大溪水）期间，"水泛则木浮"的负面作用发生作用，故此人在晚年肝部会出现病患。

尤其是九个大运都没有纳音为金的属性，本来由于金生水，对已经不足的金更是损耗之患，而金主胰腺，所以此人易患糖尿病。由于第四大运己未（天上火），火来克金，所以此人从第四大运开始有糖尿病的迹象，而且应该是在这个大运的十年期间碰上纳音为火的年份患上糖尿病的。

2. 偏湿寒型体质

若四柱中水旺于火，但是水虽旺却有节制，火虽弱却能得到生助，则属于偏湿寒型体质。此类体质的人，有一定的抗病能力。只要行运和流年的纳音的五行属性不是水，导致水过强而克制火，一般不会得重大疾病。此类体质之人平时的居住之地和饮食不可过于阴凉，方能防止患病。

例如，乾造：乙亥、丁亥、丁卯、丙午

此人生于乙亥年农历十月，水旺则寒。但有日支卯木泄之，又有丁火、丙火和午火，火并不弱。所以只能算作偏寒湿型体质，五行有救，此人身体状况不错，比较少得大病。

3. 淤毒型体质

淤毒型体质明显的症状是经常高烧难退，四肢无力。有多种表现：表现在皮肤上、表现在五脏六腑中，等等。凡四柱中金极弱或金极旺，身体都容易发生淤毒。身体中哪一部位弱，就在其部位首先起病情反应。一般是先从血液引起疾病。

（1）八字中无金或金极弱，易患血液病。

坤造：戊戌、丁巳、己未、丁卯。

四柱中缺金，而金对应于肺，肺主皮毛，皮肤病难免。由于火克金，所以行运到己未年（天上火）和丁卯年（炉中火）这两个流年时，皮肤病会很严重，甚至导致死亡。

（2）八字中金多旺，不见水泄，或水弱不能润金燥气，易患血液病。

金主肺、胰腺、氧气，具有催化排毒作用。若四柱中无金或金弱则失去催化排毒作用，使得体内积毒过多而得病。若四柱中金太多，会使血液中残留一些催化排毒的剩余之物，依然会积淤成毒。

4. 冲克型体质

若四柱中相邻的干支互相冲克，则其人易患病。在同一柱内的干支相克亦主其人易患病。但若干支之间虽相冲但并不相邻则无大碍。

（1）脾胃属土，若四柱中辰、戌相邻，由于辰戌相冲，故此人脾胃不和，易患脾胃之病。

（2）若四柱中卯、酉相邻，由于卯酉相冲，且柱中金旺而木孤、弱，肝属阴木，即卯木，故此人易患肝病。

（3）若四柱中子、午相邻，由于子午相冲，且柱中火多而水孤、弱，故其人易患肾病。若柱中水旺而火孤、弱，则此人易患心脏病。

（4）若四柱中木多，又克制柱中相邻的弱土，则此人会先患脾胃病，而后由于脾胃之土受损，会导致并发肝病。这是因为脾胃属土，乃其他脏腑之根基，所以土太弱时，虽肝属木也难免受损。

（5）若四柱中金多木少，金克制相邻的木，则此人易患肝病。

（6）若四柱中土多而燥，又克制相邻的弱水，则此人易患肾病。

（7）若四柱中水多，又克制相邻的弱火，则此人易患心脏病。

（8）若四柱中土多导致相邻的弱火泄损，则此人易患心脏病。

（9）若四柱中火旺去克制相邻的金，则此人易患呼吸系统疾病、糖尿病或胰腺疾病。

（10）若四柱中金弱又被相邻的水泄损，则此人易患呼吸系统疾病、糖尿病或胰腺疾病。

（11）若四柱中土多去克制相邻的金，或柱中土燥焦而埋金，则此人易患皮肤病、血液病。

二、各种类型体质的养生防病宜忌

《黄帝内经》讲："善诊者，察色按脉，先别阴阳，热则寒治，寒则热治。"

1. 湿寒型宜热补

属于湿寒型体质之人，须以维持机体的热量为养生原则。凡是以湿寒为病源的疾病，需要采用中医所说的壮阳抑阴来提高热量为治疗原则。

（1）燥热性食物和药物

菜：韭菜、辣椒、胡萝卜、南瓜、金针菇、菜花。

果：花生、枣、杏、姜、栗子、桂圆、荔枝、葵花子、核桃仁。

瓜：地瓜、南瓜、甜瓜、面瓜。

粮：高粱、小米、芝麻、红小豆。

肉：羊肉、狗肉、虎肉、蛇肉、马肉。

药物：大枣、熟地、苍术、阿胶、附子、肉桂、黄芪、白术、当归、何首乌、酸枣仁、柏子仁、核头仁、红花、合欢皮、远志、茯神、丹沙、红糖。

适宜的色彩：红、紫。

（2）热性住宅

宅：对于北半球而言，建筑物朝向南面的住宅为热性住宅。居住在大院中的，应选择位于离宫（南方）及离宫附近的居屋。

房间：离位乃热性房间，巽（木生火）、坤位乃较热的房间。

（3）热性方位

对于北半球而言，南为热，东南（巽）、西南（坤）为较热的方位。

（4）热性季节、时间

一年中夏季为热、晚秋为燥，一天中巳时、午时、未时为热，戌时为燥。

湿寒型人在日常生活中，应注重适当增加吸收热量。当大便常稀、脉弱数每分钟少于60次、四肢无力、精神不振时，需要加大热量。

（5）方法

①坚持喝羊或狗肉汤。

②坚持喝小米饭加大枣、红糖、姜。

③住宿热干、朝阳宅室。

④在热性季节、时间及空间活动。

⑤忌进生冷食物，忌在阴暗潮湿处住宿及长期活动。

如果疾病尚未形成实质病灶，用上述办法摄取热量，在10—20天内即可解除寒性反应。等到大便基本成形、脉数在62次以上之时，为恢复了正常。

在疾病的病灶已经形成，除了采用中西医方法以及药物治疗，还需要自身配合治疗：注意加大吸收热量。否则凡是以寒湿为病源的疾病，如果自身不注意养阳去寒，再好的治疗方法和药物都难以治愈。

2. 燥热型宜寒治

属于燥热型体质之人，须以减低热量为养生原则。凡是以燥热为病源的疾病，需要采用中医所说的滋阴抑阳来清减燥热的治疗原则。

（1）寒凉性食物和药物

菜：菠菜、白菜、水萝卜、小油菜、茄子。

果：梨。

瓜：黄瓜、冬瓜、西瓜。

粮：大米、麸皮。

肉：猪肉、鼠肉。

药物：西洋参、沙参、天冬、麦冬、枸杞子、龟板、鳖甲、石羔、玄参、栀子、芦根、黄连、龙胆草、苦参、地骨皮、银柴胡。

适宜的色彩：黑色、绿色、蓝色。

（2）寒湿性住宅

宅：对于北半球而言，建筑物朝向北面的为寒湿性宅，居住在大院中的，应选择坎宫及坎宫附近的居屋。

房间：坎位及坎位附近的房间乃寒湿性房间。

（3）寒湿方位

对于北半球而言，北、坎宫及坎宫附近乃寒湿性方位。

（4）寒性季节、时间

一年中的初春、亥月、子月、丑月，一天中的亥时、子时、丑时。

燥热型的人，在日常生活中一定要注意多吸收寒湿气。当大便干燥、脉数超过 78 次，心情焦躁不安，身体有热燥感时，一定要注意采取寒湿之气，以滋阴抑阳。

（5）方法

①减少面食、肉食，坚持每日进黄瓜、菠菜。以进凉寒性菜食瓜果为主。直到大便畅通、脉数降至 75 次以下为止。

②以大米代替面食，以东北大米更佳。

③住宿阴凉通风处。

④尽量在寒湿季节、时间、空间进行室外活动。

⑤忌吸收燥热气场。

⑥忌长期饮食燥热性食物。

在治疗燥热性病症时，一定以滋阴抑阳予以配合，以防止病症反复及并发。以燥热为病源的疾病发展到脏腹衰弱时，也有全身寒凉的感觉，在这种情况下应以增强营养为主，不可过于用凉药或热药。当热燥之气促肠道出现炎症时，也会出现大便稀的现象，这不能以寒湿论。

第五节　从四柱中五行的旺衰看一个人的先天体质状况

一、五行的旺相休囚死

在五行理论中，五行有旺、相、休、囚、死五个状态，这五个状态和四季密切相关。在春、夏、秋、冬四个季节里，每个季节都有五行属性，在每个季节中一个五行处于"旺"，一个五行处于"相"，一个五行处于"休"，一个五行处于"囚"，一个五行处于"死"的状态。

【旺】　就是当令者为旺，处于旺盛状态。与该季节（或该月）的五行属性相同者为"旺"。

例如，在正月，该月的五行属性为木。若占得的卦爻配地支后有寅或卯，寅、卯的五行属性也为木，故该爻为旺。因此，所对应的人或事为旺。

【相】　被该季节（或该月）的五行属性生助者为相，处于次旺状态。

【休】　生助该季节的五行属性者为休，处于生助以后休然无事，亦即退休的状态。

【囚】　克制该季节的五行属性者为囚，处于衰落被囚的状态。

【死】　被该季节的五行属性克制者为死，处于生气全无的状态。

四个季节之中五行的状态概括如下：

春季：木旺　火相　水休　金囚　土死

夏季：火旺　土相　木休　水囚　金死

秋季：金旺　水相　土休　火囚　木死

冬季：水旺　木相　金休　土囚　火死

四季：土旺　金相　火休　木囚　水死

这里所谓的"四季"，也叫"四季月"，是指农历三月、六月、九月、十二月这四个月。所谓"季"的出处是古代论排行顺序的"孟、仲、季"中的最后一个，一年十二个月，三个月为一个季节，正月、二月、三月为春季，四月、五月、六月为夏季，七月、八月、九月为秋季，十月、十一月、十二月为冬季。所以在这三个月里最后一个月被称为"季"，故四季月也就是三月、六月、九月、十二月。这正是"四季"这个名称的由来，它容易让人将四个季节的"季"混为一谈。四季月对应的地支分别是辰、未、戌、丑，它们的五行属性是土，所以"土旺"。前面曾经介绍过，农历六月也称为"长夏"。

从另一个角度看，五行在四季的状态的角度概括如下：

木：春旺　冬相　夏休　四季囚　秋死

火：夏旺　春相　四季休　秋囚　冬死

土：四季旺　夏相　秋休　冬囚　春死

金：秋旺　春囚　夏死　四季相　冬休

水：冬旺　四季死　春休　夏囚　秋相

以"木"为例说明旺、相、休、囚、死之间的关系：春天是木当令的季节，所以木旺；火是木生出来的，所以火相；水是生木的母亲，春天木已长成旺盛之势，生木之母——"水"已完成生助的使命而退休，所以水休；春木旺盛，金已无力克伐，故而金囚；土是木所克的，现在木既当令，气势强旺，所以被木克的土死。一个人如果春天出生，若八字中以木为主的，则其人当令得时。若八字中以金为主的，则其人被囚不得时。

目前可以见到的最早完整论述五行的著作是隋朝萧吉所著的《五行大义》，其中对五行的状态论述如下：

休旺之义，凡有三种：第一，辨五行休旺。第二，论支干休旺。第三，论八卦休旺。

1. 五行休旺

春则木旺、火相、水休、金囚、土死。夏则火旺、土相、木休、水囚、金死。六月则土旺、金相、火休、木囚、水死。秋则金旺、水相、土休、火囚、木死。冬则水旺、木相、金休、土囚、火死。

2. 干支休旺

春：甲、乙、寅、卯旺；丙、丁、巳、午相；壬、癸、亥、子休；庚、辛、申、酉囚；戊、己、辰、戌、丑、未死。

夏：丙、丁、巳、午旺；戊、己、辰、戌、丑、未相；甲、乙、寅、卯休；壬、癸、亥、子囚；庚、辛、申、酉死。

六月（长夏）：戊、己、辰、戌、丑、未旺；庚、辛、申、酉相；丙、丁、巳、午休；甲、乙、寅、卯囚；壬、癸、亥、子死。

秋：庚、辛、申、酉旺；壬、癸、亥、子相；戊、己、辰、戌、丑、未休；丙、丁、巳、午囚；甲、乙、寅、卯死。

冬：壬、癸、亥、子旺；甲、乙、寅、卯相；庚、辛、申、酉休；戊、己、辰、戌、丑、未囚；丙、丁、巳、午死。

3. 八卦休旺

立春艮旺、震相、巽胎、离没、坤死、兑囚、乾废、坎休。

春分震旺、巽相、离胎、坤没、兑死、乾囚、坎废、艮休。

立夏巽旺、离相、坤胎、兑没、乾死、坎囚、艮废、震休。

夏至离旺、坤相、兑胎、乾没、坎死、艮囚、震废、巽休。

立秋坤旺、兑相、乾胎、坎没、艮死、震囚、巽废、离休。

秋分兑旺、乾相、坎胎、艮没、震死、巽囚、离废、坤休。

立冬乾旺、坎相、艮胎、震没、巽死、离囚、坤废、兑休。

冬至坎旺、艮相、震胎、巽没、离死、坤囚、兑废、乾休。

旺、相、胎、没、死、囚、废、休是《奇门衍象》中一套概念，它们的具体含义是指：

"旺"主新事、革故鼎新；"相"主吉庆、更改交易；"胎"主生产事、生产孕育；"没"主忧事、沉溺淹没；"死"主死丧事、僵直不仁；"囚"主忧官刑囚禁事、缧泄稽留；"废"主弃改易事、位失权脱；"休"主疾病事、分散别离。

简言之，旺主新事，相主将来事，胎主生产事，没主陈年旧事，死主死葬事，囚主忧虑刑囚禁事，休主疾病事，废主叶改易事。

二、从四柱中的各个五行的旺衰看健康

在四柱理论中，人出生的年、月、日、时辰，分别用一个天干和一个地支来表示，共八个字，这就是常说的四柱八字。每个天干和地支都分属不同的五行，而人体的五脏六腑也具有各自的五行属性。于是我们可以由此判断人出生之后五脏六腑功能的强弱状况，即所谓的先天体质。因为一个人四柱根据的是出生年月日时，是由先天决定的，所以说这种方法分析

的是一个人的先天体质。而江湖上那些职业的算命先生往往只是推算一个人的命和运，缺失了从四柱分析先天体质的功能。

在人的成长过程中，每年、每月、每日都对应了不同的天干地支，也具有各自的五行属性。因此也会对会对人体的健康产生不同的影响，这是一个人在每个流年的后天健康状况。可以借此预判此在某个时间段可能会容易得什么病。再结合四柱中的格局和岁运的影响，则分析的结果能更加细化。这也是江湖上那些职业的算命先生缺失了的功能。

一个人的四柱中每个字都对应于一种五行属性。有可能出现以下两种情况：

一是八个字对应的五行中金、木、水、火、土都具备了，没有缺失。

二是八个字对应的五行中缺失了一个或者多于一个五行，而某个（可能多于一个）五行太多。

无论是哪一种情况，对人体健康都会产生好和不好的影响。

分析的方法是：天干地支所对应的每个五行在一年的四个季节和十二个月中各自有旺和衰的状态，即所谓的五行的"旺相休囚死"。所以根据一个人出生的年月日时确定的四柱中天干地支在不同的季节和月份的五行也必然有旺、相、休、囚、死各种状态，接着再依据五行与人体的五脏六腑的对应关系便可分析此人出生时的先天体质状况。由于日柱代表命主本人，所以在分析命主健康状况时指的是对其四柱中日干的五行属性旺衰的分析。

歌诀云：

> 金弱土衰燥火旺，必定伤肺没商量，
> 湿气水重来灭火，能救金肺和大肠。
> 木衰水无金过旺，肝胆目发定损伤，
> 火重克金能救木，若见土旺更遭殃。
> 水弱土厚燥气旺，有金也难通水乡，
> 湿气重时能救水，无湿伤肾和膀胱。
> 火弱有木不怕水，木衰水旺火受伤，
> 若是湿气旺无制，定伤心血痛小肠。
> 土虚最怕木水旺，肠胃皮肤肌肉伤，

火旺能解水木气，火衰只求燥气帮。

五行金木水火土，精深变化妙无穷，

生克制衡得安康，冲克混乱病在床。

血气乱者水火战，湿水燥火怕极端，

命局水火若失衡，心血肺肾病常犯。

木不受水肝血疾，水不受金智力障，

土不受火主气伤，皆因子弱母太旺。

燥气太重土克金，湿气太重土生水，

五行生克看气候，燥湿能定五行情。

蓝黑之气祸深藏，生克不乱暂安康，

若是五行乱克战，常年离家在病房。

元神厚者病在表，五行无情也灾小，

红黄元气存生机，灾病来侵皆化掉。

1. 从五行金的旺衰看健康状况

（1）在五脏六腑中，肺和大肠的五行属性为金，所以与五行金有关的疾病大多是呼吸系统和肠道系统。再进一步细分之：天干庚为阳金，大肠为腑，属阳金，所以四柱中天干庚对应于大肠；天干辛为阴金，肺为脏，属阴金，所以四柱中天干辛对应于肺。

（2）如果日干为辛金或庚金，但金太弱或处于死绝之地，若日干是辛金，主肺，故此人呼吸系统比较弱，如再有木助火克金，则主风寒，故此人经常感冒、气虚、咳嗽，或有皮肤干燥、骨节疼痛等病症，并常有呼吸不畅，常受感冒之患。严重者有得肺病的可能。而且由于金衰不能生水，所以患感冒时鼻涕不多。若日干是庚金，主大肠，故此人易患腹满、便秘、口渴、大肠泻痢、便血。

（3）若四柱中五行缺金：易鼻子过敏、流涕、胸闷、腹泻或便秘，也会导致鼻窦炎、气喘、肺炎、支气管炎、肠道等疾病。

（4）若四柱中丙火（阳火）、丁火（阴火）偏多或偏旺，则由于火克金，若日干是庚金，则此人的大肠先天有病。若日干是辛金，则此人的肺部和呼吸系统先天有病。

（5）若四柱中金弱，但是火旺，则主此人有血疾。而且金主肺，被旺火冲克，则主酒色成疾。

（6）若四柱中金遇旺水，则由于金生水，主此人有筋骨的伤病。

（7）若四柱中金水伤官，寒则主咳嗽，热则主痰火。

（8）若日干为辛金，而肺部及呼吸系统的五行属性为辛金，故若四柱中土厚重（多）则会埋金，如果再遇辛金处于弱的状态，且湿气又重者，主此人易患肺肿或结核。要是燥土重者，则更甚，易患肺炎、肺痨之症。

（9）若四柱中日干为辛金，弱，再遇强水导致过泄（金生水），主此人易感冒、先烧后寒，易有浓痰和咳嗽。若辛金弱又有强火来克，感冒时多数先有喉炎，且口干、咳嗽、怕寒、怕热。

（10）若女命的日柱中有庚金，且弱，则主此人怀胎生产后，最易腰酸背痛，筋骨抽疼，爱吃硬脆食物。若有辛金，且弱，则主此人怀胎生产后，易发牙病或胸口发闷，爱吃软酥食物，特喜香口味的食物。

（11）若四柱中水旺、辛金弱或土强来埋金者，主此人有支气管炎、鼻塞、咳嗽等病症。

（12）若四柱中丙（阳火）庚（阳金）两旺，再有燥土包金者，主此人有便秘、痔疮等病症。

（13）若四柱中日干为金，弱，再遇强木强水泄盗，主此人骨骼易脆而不坚实，筋骨容易受伤。由于庚金代表骨骼、辛金代表牙齿。故若强木来冲庚金或强火来克庚金，多主骨伤；若强木来冲辛金或强火来克辛金，多主此人牙或口腔有病。

（14）若四柱中金多水滞，庚金强而壬水弱，多主此人易患膀胱结石。若是庚金强癸水弱，多主此人易患肾结石。

（15）凡四柱中有庚寅、辛卯二者纳音为松柏木，往往主此人有骨痨之病。

（16）凡辛亥、辛卯年生人，四柱中有乙卯日或乙卯时，主此人头面之疾或缺唇。

（17）若四柱中辛巳（白蜡金）、辛亥（钗钏金）遇见四柱中有丙午火，主此人有四肢深部疼痛之疾病。

（18）在《八字真言口诀大全》有一句话："庚辛向申酉之方，人亡兵劫。"

所以，若四柱中有庚（阳金）、辛（阴金）、申（阳金）、酉（阴金）四字，主此人有血光之灾、刀刃刑伤导致伤肢残体之祸。如果四柱中火多或纳音火多更验。

（19）若因日干的庚金太旺而患病，多主其人有刀刃刑伤之灾。

（20）金多则水滞，若四柱中庚金强而壬水弱，主此人易患膀胱结石；若是庚金强而癸水弱，则此人易患肾结石。

2. 从五行木的旺衰看健康状况

人的五脏六腑中，肝和胆的五行属性为木，所以与五行木有关的疾病大多是肝胆系统和免疫系统。

（1）若四柱中五行木太旺，主此人肝胆易出问题，怒火旺盛，需留意胆固醇、甘油三酯等问题。

（2）若四柱中五行缺木，主此人体力差，易疲累。最好戒酒，注意正常作息，保护先天较弱的肝胆功能。

（3）若日干为甲木，四柱中遇火多，此人易有神经方面的疾病。

（4）若日干为甲木，遇流年与日柱天克地冲，此人在该流年头部易受伤。

（5）若四柱的四个天干中既有甲、乙，又有庚、辛，而且甲、乙位于年干或月干，庚、辛位于其后（日干或时干），则由于金克木，此人的头面易有伤，破相。

（6）若四柱中甲、乙无根（见本章"四柱推命术中与推断健康状况有关的术语"中关于"无根"的解释），则四柱中怕遇到申、酉或杀合，凡逢此命局，主此人双目定瞽。

（7）若四柱中的木被金伤，主此人筋骨腰肋疼痛。

（8）若因四柱中的木太旺而患病，乃悬梁自缢、虎啖蛇吸等灾殃。

（9）若四柱中的木太弱或处于死绝之地，主此人多有头晕、目眩、气血不调、两鬓消疏而发稀、神经痛的现象，严重者，多有肝胆疾病、腿足损伤等。

（10）若四柱中因水生木而导致木太旺，则应多注意胃虚、恶心、口臭、咯气，并有食欲减退、身体衰弱、脉沉弱、腹部软弱无力、颜面缺乏血色等疾病。

（11）凡四柱命局有水木相生的状况，主此人易伤脾胃。

（12）若四柱中金水多而导致木腐朽，且甲木极弱，又无火疏通，主此人易患胆结石、秃头之病。

（13）土多则木易折，故若四柱中燥土过多，木气又极弱者，主此人易有头发分叉或断裂的状况。

（14）甲胆乙肝，甲乙木又代表毛发及交感神经。水泛则木浮，若四柱中甲木极弱，主此人易患脾湿之病。严重者往往会导致皮肤萎缩，轻者秃头无发。

（15）火多则木易焚，故若四柱中木气弱者，不是肝虚就是目赤，眼睛经常发红。

（16）在四柱中的木为喜用神，若遭强金来克冲损伤，则此人易有交感神经方面的障碍，否则有肝胆之病，并防车祸外伤。

（17）凡四柱中有甲申、乙酉，应注意小儿的肝经风病。

3. 从五行水的旺衰看健康状况

人的五脏六腑中，肾和膀胱的五行属性为水，所以与五行水有关的疾病大都是泌尿系统。

（1）若四柱中五行水太旺，主此人体质弱，四肢冰凉、畏寒。

（2）若四柱中五行缺水，主此人需注意泌尿系统的健康。

（3）若四柱中火土太旺导致熬干癸水，主此人有眼目之疾甚至有瞎眼之虞。

（4）若四柱中金水枯伤，主此人必有肾虚。

（5）若四柱中壬癸加土旺，主此人下肢虚耗。

（6）若四柱中有亥、子加会巳、午，主此人有眼疾。

（7）凡四柱中亥、子多者，主此人有疝气。

（8）若四柱中水太弱或处于死绝之地，主此人易患肾脏炎、脑溢血、近视、泌尿系统之疾病。

（9）若因四柱中水太旺而患病，此人有可能溺水而亡。

（10）若因四柱中金水相生而导致水太旺，应多注意气滞、哮喘、咳嗽、鼻塞，还会有烦躁不安、自觉胸下有创伤，并有呼吸急迫、口渴的现象。

（11）若四柱中月地支为亥，且其他各柱中亥多，此人可能有风湿病。因为亥中壬水甲木，木可以代表神经，木浸泡在水中就是风湿的神经痛。

（12）壬水代表膀胱、癸水代表肾脏。故若四柱中水的状态不正常：水旺、水缺或土盛水弱，则此人易患泌尿系统疾病，例如膀胱疾病、肾病等。

（13）凡男命的四柱中有癸，且癸水落库又逢刑冲克破，或者癸水落库又逢旺火长期熏蒸，则此人必患肾虚亏或肾水不足之症。

（14）若男命生于水气冻结的冬天，且四柱不见木来通水，不见火来融化冻冰。于是肾水冻结不通，会导致阳痿早泄，尤其到冬天更为严重。

（15）若四柱中水旺金衰，或木旺水衰，此人晚年定患糖尿病。

（16）凡六癸生人（是指四柱中日干为癸），四柱中地支亥子丑全，但局中无土者，主此人奔流不定。若癸水处于休囚之地，主生肾病。

（17）若男命癸水（是指四柱中日干为癸）入库又逢冲或被旺火烤蒸，易患肾虚亏、阳痿等。若女命癸水入库又逢冲或被旺火蒸烤，易患因肾虚而腰酸手麻等病。

4. 从五行火的旺衰看健康状况

人的五脏六腑中，心和三焦的五行属性为火，所以与五行金有关的疾病大多是心血管系统和内分泌系统。

（1）若四柱中五行缺火，主此人易患贫血、心率慢等心血管机能疾病。

（2）若四柱中五行火太旺，主此人易有"三高"等心血管机能较弱的问题。如果此人因火太旺而病，往往是夜眠颠倒，蛇伤烧焚。

（3）若日柱的火被四柱中的水克制，主此人眼目昏暗。

（4）若四柱中不仅日干为火，而且火多，会导致健康、财运和事业不完满，且少年时有脓血之疾。

（5）若四柱中火太弱或处于死绝之地，主此人易患心脏病、败血病、关节炎、脚气、眼疾等疾病。在其青壮年阶段，肠胃不好。

（6）若四柱中由于木火相生而导致火太旺，主此人易患火气上升、目赤、偏头痛、耳鸣、眩晕、注意力不集中、心脏有压迫感、呼吸急促等症状。此外易便秘、下肢麻木、风湿等。

（7）若日柱的丙火过旺，必影响小肠、视力、眼疾病、脑神经等脏器。

（8）丙火代表小肠、庚金代表大肠，若四柱中丙、庚皆弱，而水土特强，主此人多有肠道疾病。

（9）若四柱中木多水滞，且丙火极弱，主此人脑神经受刺激而亢奋，导致精神不健之症。若水多土弱而火掩，且丙火极弱或四柱中伤官旺而丙火弱，主此人有神经衰弱、精神分裂之症。

（10）若四柱中丙火旺，庚金弱，主此人平时视力较好，但耳功能差，不灵敏或常有耳鸣。

（11）若四柱中丁火弱且处于入库之地，主此人易患心脏病，再逢刑冲克害，因心脏病开刀。

（12）丁火代表心脏血液，若四柱中丁火弱土气强，乃损耗之患，此人定有贫血，这是因为丁火被旺土所泄，使气血涣散缺乏之故。若四柱中有强水克制弱火，此人易患高血压或心跳过速之症。

（13）若四柱中丁火强而土气弱，此人往往有低血压、心跳较缓、心口不舒服、易气喘等病症。

（14）凡丙、丁火生人，行运到申酉之地时，主此人口舌生疮。

（15）凡申、巳相逢却遇六刑，则臂肢有患。若日柱有申或巳，虽无六刑，亦主臂肢有病，或受伤，或关节炎、肩周炎等。

（16）凡冬生人四柱中无火，主此人下肢寒冷。

5. 从五行土的旺衰看健康状况

人的五脏六腑中，脾和胃的五行属性为土，所以与五行土有关的疾病大多是消化系统。

（1）若四柱中五行土太旺，主此人胃肠机能较弱，易腹胀、腹痛，有消化吸收等问题。

（2）若四柱中五行缺土，主此人会有胃肠功能、消化系统病变的问题。例如：食道炎、胃炎、胃溃疡、肠炎、痔疮、糖尿病等病症。而且生活没有规律，容易紧张。

（3）在四柱中有天干戊、己时忌遇到地支寅、卯，若再处于休囚状态时，此人会生大病。且家中有人患四肢风病、瘫痪之疾，或有卧病在床之人。若是日干为戊或己，须防自身患病。

（4）若四柱中有一杀、三财、双火，主此人有目疾。

（5）若四柱中日干为己之人生于戌月（月支为戌），且火神无气，又有多水多金，则此人眼昏目闭。

（6）若四柱中因火土相生而导致土太旺，主此人常胃部胀满、食量虽不异常但稍进食即感饱满或重压、咯气、恶心等症状。

（7）若四柱中土虚木旺，定伤此人的脾胃。

（8）若四柱中火土烁蒸，主此人发秃眼盲。

（9）若四柱中土虚木盛，主此人必伤残。

（10）凡四柱中土多之人易痴呆。

（11）若四柱中土太弱或处于死绝之地，主此人时有面黄、减食、肢体怠惰、喜卧嗜睡、多思足虑、不喜动作的现象，并常有浮肿、脚气、口臭、齿痛的毛病。严重者有患消化系统、皮肤病的可能。

（12）若四柱中或岁运遇到两辰冲戌或两戌冲辰的状态，主此人易患胃病、脾湿病、花柳病。

（13）若四柱中或岁运遇到两丑冲未或两未冲丑的状态，主此人易患脾疾或肝气不和、浮肿之症。或有饮食不振、中气不足的小病。

（14）若四柱中有皆为弱的戊土、丁火，且四柱中湿气太重，主此人易患胃溃疡、胃出血之症。若戊土再甲木来克制，或被癸水合化，且戊土为喜用神却被冲者，会有胃出血之症。

（15）若四柱中戊土弱、金旺多，则为损耗之患，且泄气太过，易患胃下垂。

（16）若四柱中火旺土衰，或水多土弱，都是易患皮肤病的标志。

（17）若四柱为戊己土或壬水，逢寅卯木、再逢辰位，则主男命小肠疝气、急腹症，女命经血症。

（18）凡四柱中有丑、戌、未三刑者，主此人有四肢病，且难以痊愈。

（19）若四柱中有丑、午，二者相害，主此人有肚腹之久病。

（20）辰为天罡、卯为太冲，若四柱中辰、卯互见，主此人有腰脚痛之疾。

（21）若四柱中有子、未，二者相害，子水临未土，主此人有脾胃之疾病。

三、直接从四柱中五行的强弱分析健康状况

人的五脏六腑分别具有五行属性，所以能直接从五行的缺失、强弱分析一个人的健康状况。

表31　从四柱五行看健康状况

四柱五行		健康状况
金	太旺	容易呼吸不顺，感冒咳嗽，或有气喘等症状。
	弱	易患气虚、皮肤干燥、泄痢、便血等疾病。
	缺	容易鼻子过敏、流鼻涕、咳嗽、感冒、胸闷、腹泻或便秘，也导致鼻窦炎、气喘、肺炎、支气管炎、大肠息肉、直肠炎等问题。
木	太旺	容易肝胆出问题，容易怒火兴旺，要留意胆固醇、甘油三酯的问题。
	弱	易患头晕、目眩、气血不调、神经痛等症状。
	缺	容易疲累，体力差。要少喝酒，戒酒最好，要维持正常作息，早睡早起，才能够保护先天比较弱的肝胆功能。
水	太旺	体质比较寒冷，所以身体比较弱，容易四肢举动冰凉。
	弱	易患肾虚、脑溢血、近视眼等疾病。
	缺	要留意泌尿系统的保健。
火	太旺	容易有高血压、高血脂、心跳快等心血管机能较弱的问题。充满太多"火"的五行，也会导致健康、财气与事业的不完美。
	弱	易患心脏病、关节炎、败血症、脚气等疾病。
	缺	容易有血压、贫血、心跳慢、容易疲累等心血管的机能问题。
土	太旺	胃肠机能比较弱，容易有腹胀、腹痛、腹泻、消化吸收的问题。
	弱	易患脾虚、面黄、厌食、嗜睡、口臭等症状。
	缺	会有胃肠功能消化系统病变问题，例如食道炎、胃炎、胃溃疡、肠炎、大肠息肉、痔疮、糖尿病等问题。容易紧张，生活也比较缺乏规律性。

四、如何从五行的状况分析健康状况

1. 从四柱中过弱的五行入手

如果八字中某个五行太弱、被克或被泄耗，则与这个五行对应的器官就容易出现相关的疾病。在推断时还需要结合大运和流年一起推断。例如在八字中木太弱，于是在行金运或火运的大运或流年时，容易引发与木对应的脏腑患病，如肝胆、神经系统等。

2. 从四柱中过旺的五行入手

如果八字中某个五行已经太旺，达到了过犹不及的程度，那么这个五行所代表的器官就可能产生相关疾病。另外被这个太旺五行克制或者反制或者被太旺的五行泄耗过度的五行也容易出现相关身体方面的疾病，例如，四柱中金太旺而且克木，于是与金有关的呼吸系统以及与木有关的肝胆系统都易引发疾病。

3. 从四柱中相克的五行入手

若四柱中有子午、丑未、寅申、卯酉、辰戌、巳亥等六对相互犯冲的地支之中的某一对（或超过一对），则犯冲的一对地支中处于弱势的地支所对应的脏腑容易患病。

4. 从寒暖燥湿的角度入手

如果四柱中金或水太旺，且四柱中缺火，则导致金寒水冷，所以此人一般冬天怕冷，若是女性则可能会引发宫寒一类的疾病。

五、从四柱中的各个元素看健康状况

1. 四柱中日主身强的人身体素质好

日主就是出生之日的天干，它代表命主本人。如果一个人出生之日秉月令（与当月的五行属性相同，也称为"当令"）、有生扶（得到当月五行属性的生扶），则日主身强。预示此人身体强健，不易得病。

具体地说，"秉月令"而身强的四柱是指：日主甲乙木出生在寅月、卯月；日主丙丁火出生在巳月、午月；日主戊己土出生在辰月、未月、戌月、丑月；日主庚辛金出生在申月、酉月；日主壬癸水出生在亥月、子月。

"得生扶"而身强的八字是指：日主甲乙木出生在亥月、子月（水生木）；日主丙丁火出生在寅月、卯月（木生火）；日主戊己土出生在巳月、午月（火生土）；日主庚辛金出生在辰月、未月、戌月、丑月（土生金）；日主壬癸水出生在申月、酉月（金生水）。

再从日干的旺、相、休、囚、死状态来分析：凡日干旺相者，身体一般都较好；凡日干衰弱者，身体一般都状况欠佳。

日干旺相者，若再走生扶之运（即得到月令生扶的时段），虽然也会有病、伤之事，但病、伤来得快，去得也快，除非四柱命局中的用神被全部制住（关于用神，请见本章"一、四柱推命术中与推断健康状况有关的术语"），才会有生命之忧。

而日干衰弱者，若再走克泄耗之运（日干被克制或去生扶的时段），则会发生重大病、伤之事，而且痊愈得慢。

例如：

日干为甲、乙，若年干、月干有庚、辛，由于金克木，主其人头面有伤。

日干为甲、乙，若日支、时支有申、酉，由于金克木，主其人小儿时会患肝病。

凡日干为甲，而年柱、月柱、时柱有甲寅者，若此人是男性，则其妻的精神不正常。

日干为丙、丁，若年干、月干或时干有壬、癸，由于水克火，主其人有眼目之疾。

日干为丙、丁，若年支、月支或时支为壬、癸，由于水克火，主其人口舌生疮；又若年支、月支和时支有申、酉，则主此人有心脏病；又若月支有亥、子，则主此人会有眩昏之疾。

日干为戊、己，逢年干、月干或时干为寅、卯的时段，由于木克土，则主男有腹疾、风疾，女主血液病。

日干为戊、己，若月支有寅、卯，主此人有四肢风病、瘫痪、脾胃之疾。又若年支、月支和时支有寅、卯、辰，则男主风疾、腹疾，女主血病。

日干为庚、辛，逢年干、月干或时干为丙、午的时段，由于火克金，主其人易患呼吸系统疾病。

日干为庚、辛，若日支、时支有寅、卯，由于金克木，主其人有四肢之痛或筋骨等疾病。

日干为壬、癸，逢年干、月干或时干为戊、己的时段，由于土克水，主其人会有肾脏、泌尿系统疾病。

日干为壬、癸，若年支、月支和时支有寅、卯、酉，由于水生木，主其人口舌生疮。

2. 四柱中比肩、劫财、正印、偏印多而旺之人的身体素质较好

从命理学的角度分析，四柱中的比肩、劫财为帮身之物，即使身体弱，也会得到帮助。凡是四柱中比肩、劫财多且旺者，主此人乃实干之人，多从事体力劳动或体育运动。所以此类人大多很少生病，身体健康。古人对此有专门的论述："比肩叠叠，一生少病。"

正印、偏印为生身之物，有生扶的作用。且印星（正印、偏印）主思想、长辈、照顾……所以四柱中正印、偏印多且旺者，主其人能得到家人的照顾，自己也会调养，很少生病，体质较好。

3. 四柱中日主身弱的人身体素质较差

凡四柱中日主被出生的月令克制，又没有生扶或生扶无力者，则为命主身弱，其人体弱多病。例如，日主甲木生在申月、酉月，金克木，而且年支、日支、时支之中无帮扶，或帮扶无力，导致命主身体不好，容易生病。所谓帮扶无力是指有天干透出的壬癸水来帮扶甲木，这种状况叫作虚透天干。

4. 四柱中官星、财星、食神、伤官多而旺（变格除外）身体素质较差

正官、偏官为克身之物，克制得太过就会失去平衡，导致人的身体孱弱。正财、偏财为耗身之物，如果一个人为了钱财而付出太多，就会伤精费神，导致人的身体孱弱，即所谓的"为财伤神"。所以四柱中正官、偏官、正财、偏财多的人一般没有时间锻炼身体或者很少从事体力劳动，而且这样的人在生活中比较懒惰，身体素质较差，容易得病。

食神、伤官为泄身之物，乃损耗之患，会导致身体受损，体质变差。在四柱推命术中认为，食神、伤官主其人爱表现、有才华、喜自由、有口福，但缺乏约束力、凡事易半途而废。由于此类人思想活跃，想得开，一切都无所谓，所以对自己的健康状况不在乎，即使身体不健康了，也难以克制不良的生活习惯。

5. 根据四柱中元素推断健康的规则集锦

虽然古人将四柱推命术主要用来推算一个人的命和运，而不是推断一个人的健康，但是在诸多古籍中还是有一些推断健康的规则。下面是目前

能查到的一些规则集锦，供有兴趣的读者在研究学习时参考。如果读者对四柱推命术了解得比较深，完全可以自行判断其正确性，并加以运用，本书不再赘述。

日主高强，平生少病。

柱临天月二德，终生少病。

枭神重重身又弱，多得肺病。

日旺财官旺，折伤之疾。

羊刃逢印，终贵有病。

火土印绶，热则痰，燥则身痒。

日时官杀杂乱，疾病交加。

枭夺食而有病。

日座枭或枭重者，因食而疾。

日弱食伤重，头昏之疾。

柱中亥子多者，主疝气。

四柱火多，少年脓血之疾。

女犯伤官，产厄带疾。

妇逢天月二德，无产厄。

日时犯勾绞，多产厄。

伤官制伏太过，防伤残目疾，足跛之疾。

羊刃重重三四，必防盲聋之疾。

伤官重重，防腰脚骨伤残。

刑多终有伤残。

女犯卯酉主坠胎克子，肋疾血刺。

一杀三财双火主目疾（己日）。

月令财星为用，时见羊刃，晚年因儿女耗累而困窘。

六、从四柱中五行的生克状态分析一个人的健康状况

金弱遇火旺，主其人血疾无疑。

金主肺，若受火冲克，主其人酒色成疾。

土虚木旺之乡，主其人定伤脾胃。

木被金伤，主其人筋骨腰肋疼痛。

火遭水克，主其人眼目昏暗。

冬生无火，主其人下肢寒冷。

火土焦干癸水，主其人有眼目之疾。

丙丁火克害庚金，主其人大肠有疾。

金水枯伤，主其人肾必虚。

金水伤官，主其人遇寒则冷嗽。

水木相生，主其人伤脾胃。

金神遇水，主其人贫寒带疾之人。

壬癸加土旺，主其人下肢虚耗。

金遇旺水，主其人有伤筋骨之疾。

亥子加巳午，主其人有眼疾。

甲木遇火多，主其人多有神经之疾。

若四柱中火太弱或死绝，其人易患心脏病、败血病、关节炎、脚气、眼疾等疾病，如果其人年纪轻或正值壮年，则主其肠胃不好。

若四柱中木太弱或死绝，其人多有头晕、目眩、气血不调、两鬓消疏而发稀，且有神经痛的现象，严重者，多有肝胆疾病，腿足损伤等。

若四柱中金太弱或死绝，应多注意气虚、咳嗽、皮肤干燥、骨节疼痛、大肠泻痢便血等疾病。并常有呼吸不畅，常受感冒之患。严重者，有患肺病的可能。

若四柱中土太弱或死绝，其人时有面黄、减食、肢体怠惰、喜卧嗜睡、多思足虑、不喜动作的现象。并常有浮肿、脚气、口臭、齿痛等疾病，严重者，会有患消化系统疾病、皮肤病的可能。

若四柱中水太弱或死绝，其人易患肾脏炎、脑溢血、近视、泌尿系统的疾病。

若四柱中因木火相生而导致火太旺，其人易患火气上升、目赤、偏头痛、耳鸣、眩晕、注意力不集中、心脏有压迫感、呼吸急促等症状。此外易有便秘、下肢麻木、风湿等疾病。

若四柱中因火土相生而导致土太旺，其人常觉胃部胀满，食量虽不异常但稍进食即感饱满或重压、咯气、恶心等。

若四柱中因金水相生而导致水太旺，其人应多注意气滞、哮喘、咳嗽、鼻塞、轻微的烦躁不安的症状。而且往往自觉胸下有创伤，有呼吸急促、口渴的现象。

若四柱中因水木相生而导致木太旺，其人应多注意胃虚、恶心、口臭、咯气等症状。并有食欲减退、身体衰弱、脉沉弱、腹部软弱无力、颜面缺乏血色等现象。

若四柱中因土金相生而导致金太旺，其人常有气虚、腹满、便秘、口渴等症状。

七、从四柱中的大运看一个人身体的强弱

一个人的大运代表此人一生中每十年为一个时段的起伏变化，各个大运不是单独的，而是相互关联和相互承接的。一个人的身强身弱状况还应该结合四柱中各个大运的状况进行分析。排大运的规则是，根据一个人出生年干的阴阳，然后依据阳男阴女顺行、阴男阳女逆行的顺序从出生的日子确定起运年龄（起运数），在根据出生月份的干支排出每步大运，每个大运主管十年。每步大运的名称由一个天干和一个地支组成。

每步大运都是阳干与阳支或阴干与阴支的组合，其中既蕴含着其人在该十年中或吉或凶或平运的吉凶程度的趋势，也蕴含着其人在该十年中身体的强弱，以及哪个脏腑患病的趋势。这一点正是中医所说的"治未病"的主要依据。

1. 排大运的规则

在四柱推命术中，排大运是必不可少的一个环节，而排大运时，同时要确定一个人在几岁开始起运，这样才能确定第一步大运的起点是几岁，之后每个十年进入下一步大运。大运是以四柱中的月柱开始来排定的，有男女顺逆之分，起运数计算也有顺逆之别。具体排几步运，没有统一的标准，大运一般排八步。通常由一般人的寿数来排，因此，如果一个人的寿数长，则可以排九步运，甚至十步运；等等。

若男命生于子、寅、辰、午、申、戌阳支之年，则从其人的月柱开始按照六十甲子的顺序顺排。例如，男命生于丙子年、庚寅月，子为阳年，

根据推算知道此人从 5 岁开始起运，从月柱庚寅开始顺排。八步大运是：辛卯、壬辰、癸巳、甲午、乙未、丙申、丁酉、戊戌。在现代社会中，人类的平均寿命延长了，可以排出此人的第九步、第十步大运分别为：己亥、庚子。其中，第一步大运为辛卯（5—14 岁），第二步大运为壬辰（15—24 岁），第三步大运为癸巳（25—34 岁），第四步大运为甲午（35—44 岁），第五步大运为乙未（45—54 岁），第六步大运为丙申（55—64 岁），第七步大运为丁酉（65—74 岁），第八步大运为戊戌（75—84 岁），第九步大运为己亥（85—94 岁），第十步大运为庚子（95—104 岁）。

若男命生于丑、卯、巳、未、酉、亥阴支之年，则从其人的月柱开始按照六十甲子的顺序逆排。例如，男命生于丁亥年、辛亥月，亥为阴年，则从月柱辛亥开始逆排。八步大运是：庚戌、己酉、戊申、丁未、丙午、乙巳、甲辰、癸卯。在现代社会中，人类的平均寿命延长了，可以排出此人的第九步、第十步大运分别为：壬寅、辛丑。如果此人是从 6 岁开始起运，则第一步大运为庚戌（6—15 岁），第二步大运为己酉（16—25 岁），第三步大运为戊申（26—35 岁），第四步大运为丁未（36—45 岁），第五步大运为丙午（46—55 岁），第六步大运为乙巳（56—65 岁），第七步大运为甲辰（66—75 岁），第八步大运为癸卯（76—85 岁），第九步大运为壬寅（86—95 岁），第十步大运为辛丑（96—105 岁）。

2. 计算一个人几岁起运

排出一个人的大运的同时，还需要算计此人从几岁开始行大运，其算法分两类：一类是阳年干生男和阴年干生女，另一类是阴年干生男和阳年干生女。

（1）阳年干出生的男性和阴年干出生的女性

凡是出生年的年干是阳干的男性，或者出生年的年干是阴干的女性，按照阳男阴女顺行计算的规则。从出生之日和时辰开始计算，到下一个月遇到的第一个节气和入节的时辰为止，一共有几天又几小时，然后按照三天折合一岁，一天折合四个月，一个小时折合五天，算出此人几岁开始起大运。

例如，坤造：辛丑、丁酉、癸亥、甲寅，生年干为丑，属阴，根据顺行计算，此人从 4 岁开始起运。

又如，乾造：甲子、庚午、壬辰、辛亥，生年干为甲，属阳，根据顺行计算此人从 5 岁开始起运。

（2）阴年干出生的男性和阳年干出生的女性

凡是出生年的年干是阴干的男性，或者出生年的年干是阳干的女性，按照阴男阳女逆行计算的规则。从出生之日时和时辰开始计算，到前一个月遇到的第一个节气和入节的时辰为止，一共有几天又几小时，然后按照三天折合一岁，一天折合四个月。一小时折合五天，算出此人几岁开始起大运。

例如，乾造：辛酉、辛丑、丙戌、壬辰，生年干为辛，属阴，根据逆行计算，此人从 5 岁开始起运。

又如，坤造：庚子、乙酉、庚辰、癸未，生年干为庚，属阳，根据逆行计算，此人从 5 岁开始起运。

四五六之学只需掌握如何排大运以及每个大运的天干地支组合已经足够。本书不是论述四柱推命术的专著，所以关于大运论命的细节不做详细介绍，有兴趣的读者可以参阅四柱推命术的专门书籍。

3. 分析一个人每步大运中身体的强弱

万物以中和为贵，所以如果一个人中的五行是平衡的，则对于其人一生先天的命和运，以及健康状况都是很有利的。如果再结合五运六气理论还可以推断其人后天的健康状况。

一个人的大运蕴含着一个人的一生中以十年为时间段的运程的起伏变化。而且前一个大运与后一个大运是相互衔接的，所以运程的起和伏是相关联和承接的。大运不仅反映了人生运程的起伏状况，还可以用来分析人的健康状况，而人的身体从健康到患病，再从患病到恢复健康也是前后承接的。

在四柱推命术中分析一个人的运程需要用到六十甲子的六十纳音，在分析一个人每步大运中身体的强弱也需要用到六十纳音。请见本书 P020 表 6 "六十甲子纳音"。

六十甲子实际上就是由十天干与十二地支组合成的六十对组合。虽然每个天干和地支都具有各自的五行属性，由它们构成的组合却具有新的五行属性。这个组合蕴含着一个人的十年大运，而且根据新的五行属性与日主（日干）之间的相生相克关系可以推断此人在这十年间的健康状况。具体地说，一个人出生时间得到的四柱中八个字（尤其是以日干为核心）的五行属性是先天决定的，而大运则反映了出生之后各个大运的时间段的五行属性，二者之间既有相互帮扶的作用，又有相互削弱的作用。毫无疑问这种作用对人体的健康状况一定会产生有利或不利的影响。这正是四五六之学研究的内容，它已经超出了四柱推命术推算命运的范畴。

举例说明。

例一，某男士，乾造（1982年生人）：辛酉 辛丑 丙戌 壬辰。

此人生年干为辛，属阴，日干为丙，属火。阴年干出生的男性，逆排，此人从6岁开始起运。其八步大运是：丁酉（6—15岁）、丙申（16—25岁）、乙未（26—35岁）、甲午（36—45岁）、癸巳（46—55岁）、壬辰（56—65岁）、辛卯（66—75岁）、庚寅（76—85岁）。

根据六十纳音，这八步大运的五行属性分别是：

丁酉（山下火）、丙申（山下火）、乙未（沙中金）、甲午（沙中金）、癸巳（长流水）、壬辰（长流水）、辛卯（松柏木）、庚寅（松柏木）。

根据六十纳音的五行属性、日干的五行属性以及五脏六腑的五行属性之间的相生相克关系，分析此人在各步大运的健康状况如下：

此人在第一步大运丁酉（6—15岁）和第二步大运丙申（16—25岁）期间，大运的五行属性山下火与日干的五行属性火比和，所以此人的健康没有问题，即使偶有小病，也很快痊愈。目前此人正处于第四步大运期间，此前身体都比较健康。但到了第五步大运癸巳（46—55岁）和第六步大运壬辰（56—65岁）期间，由于这两步大运的五行属性为长流水，克制日干丙火，所以此人会有患病的可能，而且由于心属火，往往是小肠或心血管系统的疾病。

例二，某女士，坤造（1961年生人）：辛丑 丁酉 癸亥 甲寅。

此人生年干为丑，属阴。日干为癸，属水。阴年干出生的女性，顺排，此人从4岁开始起运。其八步大运是：乙未（4—13岁）、丙申（14—23岁）、丁酉（24—33岁）、戊戌（34—43岁）、己亥（44—53岁）、庚子（54—63岁）、辛丑（64—73岁）、庚寅（74—83岁）。

根据六十纳音，这八步大运的五行属性分别是：

乙未（沙中金）、丙申（山下火）、丁酉（山下火）、戊戌（平地木）、己亥（平地木）、庚子（壁上土）、辛丑（壁上土）、庚寅（松柏木）。

根据六十纳音的五行属性、日干的五行属性以及五脏六腑的五行属性之间的相生相克关系，分析此人在各步大运的健康状况如下：

4—13岁（第一步大运）期间，由于金生水，故健康状况良好。

34—43岁（第四步大运）和44—53岁（第五步大运）期间，由于水生木，故辛劳难免导致肾水不足，易患妇科或者耳部疾病。

54—63岁（第六步大运）和64—73岁（第七步大运）期间，由于土克水，故体质变弱，多病。

例三，某女士，坤造（2007年生人）：丁亥　壬子　壬辰　乙巳。

此人生年干为亥，属阴。日干为壬，属水。阴年干出生的女性，顺排，此人从2岁开始起运。其八步大运是：丁未（2—11岁）、戊申（12—21岁）、己酉（22—31岁）、庚戌（32—41岁）、辛亥（42—51岁）、壬子（52—61岁）、癸丑（62—71岁）、甲寅（72—81岁）。

根据六十纳音，这八步大运的五行属性分别是：

丁未（天河水）、戊申（大驿土）、己酉（大驿土）、庚戌（钗钏金）、辛亥（钗钏金）、壬子（桑拓木）、癸丑（桑拓木）、甲寅（大溪水）。

根据六十纳音的五行属性、日干的五行属性以及五脏六腑的五行属性之间的相生相克关系，分析此人在各步大运的健康状况如下：

11岁之前（第一步大运）期间，由于大运和日干的五行属性比和，故身体状况良好。

12—21岁（第二步大运）和22—31岁（第三步大运）期间，由于土克水，这个女孩子到了来天癸之年，膀胱系统易患病。目前正处于这个阶段。

32—41岁（第四步大运）和42—51岁（第五步大运）期间，身体状况转好。

52—61岁（第六步大运）和62—71岁（第七步大运）期间，进入老年，身体状况变弱。直到72—81岁（第八步大运）身体又会向好。

例四，某男士，乾造（1958年生人）：戊戌　丙辰　丙子　癸巳。

此人生年干为戌，属阳。日干为丙，属火。阳年干出生的男性，顺排，此人从2岁开始起运。其八步大运是：癸亥（2—11岁）、甲子（12—21岁）、乙丑（22—31岁）、甲寅（32—41岁）、乙卯（42—51岁）、丙辰（52—61岁）、丁巳（62—71岁）、戊午（72—81岁）。

根据六十纳音，这八步大运的五行属性分别是：

癸亥（大海水）、甲子（海中金）、乙丑（海中金）、甲寅（大溪水）、乙卯（大溪水）、丙辰（沙中土）、丁巳（沙中土）、戊午（天上火）。

根据六十纳音的五行属性、日干的五行属性以及五脏六腑的五行属性之间的相生相克关系，分析此人在各步大运的健康状况如下：

在此人32—41岁（第四步大运）和42—51岁（第五步大运）期间，其小肠系统有病。

到了72—81岁（第八步大运）期间，晚年的健康状况良好。

例五，某男士，乾造（1986年生人）：丙寅　丙申　甲辰　乙亥。

此人生年干为寅，属阳。日干为甲，属木。阳年干出生的男性，顺排，此人从6岁开始起运。其八步大运是：丁酉（6—15岁）、戊戌（16—25岁）、己亥（26—35岁）、庚子（36—45岁）、辛丑（46—55岁）、庚寅（56—65岁）、辛卯（66—75岁）、壬辰（76—85岁）。

根据六十纳音，这八步大运的五行属性分别是：

丁酉（山下火）、戊戌（平地木）、己亥（平地木）、庚子（壁上土）、辛丑（壁上土）、庚寅（松柏木）、辛卯（松柏木）、壬辰（长流水）。

根据六十纳音的五行属性、日干的五行属性以及五脏六腑的五行属性之间的相生相克关系，分析此人在各步大运的健康状况如下：

此人一生中除了第一步大运（6—15岁）期间，身体尤其是胆部的健康欠佳，其余时间的健康状况良好。

上述命例是笔者多年来运用命理学理论推算过的实例，当时只推算了这些命主的命和运。现在根据四五六之学的理论回头来推算这些命主的健康状况很有意义。而且根据笔者对命主的了解，现在所推断命主的健康状况基本上符合命主的实际情况。

第六节 从四柱中五行看一个人的寿元和危险

自古以来，每个人都想知道自己和亲朋好友的寿元长短，甚至想知道死亡的具体时间。一些传说中的神仙人物具有通天彻地的本领，能够提前知道一个人的寿元。可惜的是这些本领没有传承下来，只是传说而已。本书讨论的四五六之学并不涉及神话传说，而是从一个人的四柱和五行属性的特征进行分析。历来各种命书都没有系统地讲清楚过寿元的问题。笔者通过查阅各种命理书籍和资料，再根据人的四柱中五行属性的旺、衰，以及五行属性相互之间的生、克关系加以研究分析之后认为，虽然确定一个人的死亡时间有非常多的不确定性和复杂性，却还是有一些规律可循。但是务必要认识到的是，这样的测算结果只是一种趋势和可能，并不是必然的。如果将得到的结果绝对化，那就会走入"迷信"的误区。

一、从四柱中五行生克状态看寿命长短

1. 四柱中五行俱全且相对平衡的状态

分析一个人四柱中的五行状态有两种观点，一种观点是直接根据四柱中四个天干和四个地支各自的五行属性进行分析。另一种观点是查看四柱的六十纳音的五行属性进行分析。笔者认为，如果根据六十纳音查看五行属性，由于只有年柱、月柱、日柱、时柱四个，只会有五行中的四行，五行属性不完整。所以笔者主张采用第一种方法分析四柱中的五行属性状况。

如果四柱中五行属性俱全，并且五行之间比较平衡，则此人四柱中的日主相对平和。如果四柱中干支的五行属性还能互助互生，于是旺者自有去处、弱者自有生源，这是比较好的中和状态。这样的人处世心态平和、安定，情绪稳定，没有大悲、大喜。而且身体的各个功能器官没有过弱、过旺之病，先天身体素质良好，能够经得起大风大浪的侵袭，所以这样的人属于长寿之人。

即使有的人的四柱中五行并不全，只有三行，或四行，但只要四柱中干支的五行属性配合良好，各五行之间力量相对平衡，也是旺者自有去处、

弱者自有生源的状态，属于比较好的中和状态，也是可以长寿之人。

在上一节列举的五个实际命例中，只有两个命例的四柱中五行属性是全的。第二个命例，坤造：辛丑、丁酉、癸亥、甲寅，以及第5个命例，乾造：丙寅、丙申、甲辰、乙亥。相比而言，这两位命主将是长寿之人。

2. 四柱中五行属性的冲克、刑克的状态

（1）若四柱中五行属性有冲克（相冲）和刑克（相刑），则此人一生中往往动荡不安，人生起伏较大，情绪和精神也会随着生活的坎坷而大悲或大喜。而且，四柱中五行属性有冲克和刑克也不利于身体健康。主此人容易有灾祸。或者身体某个器官，容易出现病质性变化。至于具体是哪个脏腑，需要根据日干的状态来确定。这样的人往往健康不佳或者难以长寿。

（2）反之，如果四柱中五行属性没有冲克和刑克，这样的人先天身体素质不错，而且不易与人争斗，客观的生活环境比较平静和安定，这两个因素正是可以长寿的基础条件，所以这样的人健康长寿者居多。

3. 凡四柱中五行属性有相合或者相同者，对健康的影响不大

凡四柱中五行属性有与日干相合或者比和（即五行属性相同）的命局，则使得相合或者比和的某种（或者两种）五行力量倍增，但也有可能因为某种（或者不止一种）五行相合或者比和导致其力量过旺或者失衡。

所谓过旺则容易患病，导致身体不健康，甚至不能长寿。如果相合或者比和的干支为命局中的忌神、仇神（与病关联）的时候，则需要有其他的行加以制克或耗泄，来制约相合或者比和的干支的五行力量。如果这些相合或者比和的干支不是位于命局中的日干、年支或时支，则对于命局的影响力不大。

4. 互相对冲的干支，皆为日主（即日干）所忌

凡是四柱中有与日干互相对冲的干支，由于它们之间的损害，所以对命主不利。但是如果相互对冲的干支与日干无关，只是其他三柱的干支相互对冲，它们之间的相互对冲，使得日干稳坐钓鱼台，反而是好事。这种格局，往往出现在身弱、伤官的四柱之中。

5. **日干旺相**

在五行理论中，五行有旺、相、休、囚、死五个状态，这五个状态和四季密切相关。在四柱中，日干是核心元素，如果日干在此人出生的季节处于旺和相的状态，则此人的先天体质健康，身体素质好。由于月柱也处于旺和相的状态，则此人神清气爽，精气神俱足，属于健康长寿之人。而且这样的人大多思想乐观、豁达。即使遇到人生失意，也会处之泰然。

二、如何确定哪一步大运有危险

在四柱命理学中有一个基本规则："流年主要看应期，大运主要看吉凶。"所以看一个人的吉凶（也包括健康状况甚至生死）主要是分析一个人的每一步大运。预测一个人哪一步大运有危险的依据是看此人各步大运的天干地支对八字命局中喜用神是生助、克制或者损耗。如果某步大运的天干地支对喜用神是克制或损耗，或者喜用神在该步大运处于衰、绝、死、墓的状态，则这步大运就是危险的，也叫作凶运。这本来是命理学中用于分析一个人的运程的，但是一个人是否患病、何时患病也属于危险的事项，所以虽然四五六之学不是命理学的专著，本书还是将与推断健康有关的规则介绍如下：

1. 若日干强，比、劫（比肩、劫财）多，且无印（正印、偏印）、无官杀（正官、七杀）者，取财为用神。则危险运的时间可能是在临官、冠带或帝旺运的时段，或者是在财星被克合尽，以及处于死、墓、绝运程的时段。

2. 若日干强，比、劫多，且无印，则取官杀为用神。如果命局中有财星，则危险运可能是在比、劫、临官、冠带、帝旺运程的时段，或者是在官星、七杀处死墓绝地的运。若局中无财者，行食伤运把官杀克合尽时也是很危险的。

3. 日干强而印多者，则危险运是比劫临冠帝旺和印旺运，或是用神财星处死墓绝地而被克合尽之运。

4. 印多而日干无根者（参见本章第一节"四柱推命术中与推断健康状况有关的术语"中的"无根"），在日干的长生运上最危险。

5. 日干强而印多财少，取食伤为用神者，则行枭印（参见本章第一节"四柱推命术中与推断健康状况有关的术语"中的"枭印"）旺运最危险。

行食伤的死墓绝运也是危险运。

6. 日干弱而官杀多无印者，行官杀旺运和日干处于的死墓绝运最危险。或者行财旺运生助官杀，行食伤运构成伤官见官都是危险运。

7. 化气有余的四柱，行化神运或生助化神的运最危险。

8. 日主干而财星旺又多无比劫者，行财旺运和日干的死墓绝地最危险。行官杀运和食伤运也很危险。

9. 化气不足的四柱（指"化气格"，参见本章第一节"四柱推命术中与推断健康状况有关的术语"中的"化气格"），凡是行运于克泄化神的时段或化神处于死墓绝地运的时段最危险。

10. 凡是行运于克、泄、耗所从大运时段，以及行运于死墓绝运的时段也最危险。

11. 四柱中有一柱以上，而且日柱或年柱犯天克地冲者，则日柱或年柱犯天克地冲的运的时段最危险。

12. 若四柱命局中用神位于月柱，则行运于月柱犯天克地冲的运的时段最危险。用神在其他柱遭天克地冲也同样危险。

三、如何确定危险大运中的具体年份

在"四柱推命术"中每步大运是十年，在一个危险的大运的十年中总体而言是不吉的，但并不是每一年都是危险的。可以根据以下规则对一个大运中的十年加以具体分析到底哪一年是凶的，凡是凶的年份也叫作凶年。毫无疑问，身体健康出现问题也是"凶"的内容之一。这时就需要结合具体的流年加以分析，也就是前面说的"流年看应期"。

1. 弱命大运遇死地：在一个大运中有三个流年会相配成为死死、死墓、死绝三种状态，这三个流年都是凶年。

2. 弱命大运遇墓地：在一个大运中有三个流年会相配成为墓死、墓墓、墓绝三种状态，这三个流年都是凶年。

3. 弱命大运遇绝地：在一个大运中有三个流年会相配成为绝死、绝墓、绝绝三种状态，这三个流年都是凶年。

4. 强命大运遇帝旺地：在一个大运中有三个流年会相配成为旺旺、旺禄、旺生三种状态，这属于旺的状态过度，所以这三个流年都是凶年。

5. 强命大运遇禄地：在一个大运中有三个流年会相配成为禄旺、禄禄、禄生三种状态，这也属于旺的状态过度，所以这三个流年都是凶年。

6. 强命大运遇长生地：在一个大运中有三个流年会相配成为生旺、生禄、生生三种状态，这也属于旺的状态过度，所以这三个流年都是凶年。但会有特例：如果是戊土处于长生地，则这个论断不一定准确。

注：上面三点说明，即使一个人行运于好的大运，在这个大运的十年中并不一定每年都没有危险。

7. 尤其要注意的是，如果在行好的大运十年中某一年出现刑冲和害的状况，导致四柱中某个五行产生突变，则这个流年往往也很凶险。

8. 在行仇运（注：即某个大运的天干地支是这个四柱命局中的仇神，参见本章第一节"四柱推命术中与推断健康状况有关的术语"中的"仇神"）的十年中，如果某年同时遇到凶神、劫煞、元辰（参见本章第一节"四柱推命术中与推断健康状况有关的术语"中的"元辰"）等恶煞中两个以上者，则该流年为凶。

9. 若在进入交运之年和脱运之年遇危险运，该年往往是最凶之年。

10. 凡某个流年遇到仇神、忌神特别冒头，则该流年是凶年。

四、遇到凶运和凶年时，如何推断是否凶中有救

所谓凶运和凶年只是指在该运程和年份不吉或者有凶的可能性很大，但并不是必然的。如果凶运和凶年的时段中出现以下的情况，就可能凶中有救。

1. 凡遇到凶运和凶年，小运的作用很重要。若小运是喜用神，则凶中有救；若小运是仇忌神，或小运与日柱、年柱、大运、太岁任何一柱产生天克地冲者必死。

2. 凡弱命全局构成有克无生者必死。

3. 凡弱命全局构成克泄无生者必死。若是财官旺极无制者也必死。

4. 凡强命有生无泄无克者必死。

5. 化气有余的化气格四柱，化神有生无泄无克者必死。

6. 化气不足的化气格四柱，化神有克无生者必死。

7. 从格命局，所从之神遭有克无生者必死。

五、从四柱看死亡

一个人的四柱是根据他出生的年、月、日和时辰确定的,其中包含了这个人很多的信息。基本的先天信息有:性格、先天体质、六亲(父母、兄弟、姐妹)关系,等等;后天信息则更多:配偶、子女、后天的健康状况、学业、事业、财运、田宅运,等等。有些四柱推命术高手甚至能推算出此人的寿元和死亡时间。本书的主题是将一个人的四柱和由天文气象得到的五运六气结合起来推算此人的健康状况,并不涉及纯四柱命理学的推算。所以下面列出的四柱命理学中推算死亡时间的规则只是作为推断一个人健康状况的引申和旁证。即便如此,所有这些规则不是绝对的结论,只能作为参考。正如前面介绍的现代命理学家梁湘润先生所说:"命理只有百分之六七十的或然率而已。"如果看成绝对的结论,就会陷入迷信的泥淖。读者在阅读本书时,对与身体健康无关的一些规则可以不必理会。本书收录只是为了保持这些规则的完整性。

同样的道理,在看待推断与健康有关的规则时也应该秉持梁湘润先生的观点,不能迷信这些规则,将这些规则绝对化。

1. 若印绶(正印、偏印)见财行财运,又处于死绝之地,则此人在此运程的时段必入黄泉。但若四柱中有比肩,则可化解。

2. 若正官见七杀及伤官,并有刑冲破害,则如果岁运处于"相"的状态(旺相休囚死之相),主此人在该年内很可能死亡。

3. 若柱中有正财、偏财,并有比肩前来争夺,且有劫财羊刃,再见到岁运冲合者,主此人在该年内很可能死亡。

4. 伤官之格,财旺身弱,官杀重见,岁运又见必死,活则伤残。

5. 拱禄拱贵,又见官星之冲,岁运重见即死。

6. 日禄归时,刑冲破害,见七杀、官星、空亡、冲刃必死。

7. 杀官大忌,岁运相并必死。

8. 其余诸格,并忌杀及填实,岁运并临必死。

9. 会诸凶神、恶煞、勾绞、空亡、吊客、墓库、病、死、官杀,九死一生。

10. 官星太岁,财多身弱,原犯七杀,身轻有救则吉,无救则凶。

11. 甲日亥月,见离寿促。(南方)

12. 六甲坐申、二重见子、运至北方、须防横死。

13. 甲乙遇金强，魂归西兑。

14. 天干二丙、地之全寅、更行生印、死见祸临。

15. 丙火申提、无根从煞、有根南旺、脱根寿促。

16. 阳火无根、水乡必忌，阴火无根、水乡必救。

17. 艮生丙而遇鸡死（艮：东北，鸡：酉）。

18. 丙临申位，逢阳水难获延年。

19. 老寿无终、丁逢卯木遇己土、枭食之人。

20. 己生酉而艮中亡。（东北）

21. 己入亥宫，见阴木终为损寿。

22. 庚金无根、寅宫火局、南方有贵、须防寿促。

23. 庚金逢火旺，气散南离。

24. 活木忌埋根之铁。

注：寅卯未为活木之根，如遇申酉丑，申冲寅、酉冲卯、丑冲未（丑中金克未中木），则木在地支中根被拔去，成无根之死木。

25. 盗木绝气于丙丁。甲乙日干，生夏月，重重见火或成火局，木临火地，灰飞烟灭，木化成灰，主夭，柱有金克日主更验。

26. 五行生死，人事参评。遇生怕死，既死怕生；逢旺处生，则死处灭；逢死处生，必旺处脱。

27. 伤官运若见刑冲，一梦入幽冥。柱中伤官逢运冲刑，主灾晦、死亡。

28. 生地相逢，壮年不禄。劫印重重而行长生之地，主死。

29. 日逢官鬼见重刑，恶死甚分明。

30. 相刑羊刃并杀伤，必主上法场。

31. 身衰日支坐七杀，杀运死刑狱。

32. 权刃复行权刃，刀药亡身。

33. 日逢刃杀而刑冲，妻必产亡。

34. 桃花会禄酒色亡，凶杀合年防自刃。

35. 咸池坐旺带刃，因色亡身。

36. 贵人头上带刃剑，多凶死。

37. 戊日提寅，见申酉，十死一生。

38. 庚辛向申酉之方，人亡兵劫。柱有庚、辛、申、酉四字，有血光之灾、伤肢残体之祸，杀伤，应此，柱中火多或纳音火多更验。

39. 当四柱有财星，羊刃逢时定克刑，岁运经行妻眷绝，妻宫频见损年龄。岁运行财星死墓绝之地，在此岁运伤妻，或离婚，或丧亡。

40. 身弱，财生杀旺克身，再行财运必死。

41. 伤官入墓，阴生阳死。

42. 财逢劫尽、重财破印、劫重见财，皆为死运。

43. 水盛木漂，终为外鬼，死无棺木。

44. 食神逢枭，牢狱中死。

45. 从财从杀，运忽挂根，不肯从弃，一命归仙。

46. 伤官羊刃、切忌重并、苟获全体、决死血光。

47. 羊刃穿倒，必作无头之鬼。

48. 四刃星重，死在财下。

49. 曲直仁寿，最嫌白帝。

50. 炎上忌土，水冲立毙。

51. 从革金局，须要火炼，丙丁午多，遇墓设奠。

52. 润下所忌，刑冲死绝，木伤堤岸，东地须灭。

53. 稼穑格，一木为妙，木多土虚，再行东方木运死。

54. 金白水清，切忌夏生，火伤土制，请题铭志。

55. 木火交辉，金水伤坏，运行西北，死期即届。

第七节　天干地支五行属性对应的其他类疾病

1. 哑巴：丙丁善克庚辛，少制而暗哑。印主语言，食神主口才、讲话，大凡命中二者休囚或金水受克太重、被合绊、入墓、落入空亡等，语言表达就会受到影响，重者成为哑巴。

2. 子息星坐空亡，食神坐空，有可能是孩子聋哑或讲话有问题。

3. 木旺火炎或火炎土焦，而不见湿气之八字是无生育之人，无子女能长寿，如有子女本人常有意外伤残、血光之灾或凶死。

4. 女命子女宫坐羊刃，或子女星落于其他柱之羊刃中，可能生产时或子宫卵巢有病而开刀，否则一定克子女。

5. 火炎土燥者不得善终，不是死于车祸就是死于血光恶疾或开刀手术之中。

6. 命局中七杀强于日主，而食神正印较弱，一生常遭伤灾或有一种久治不愈的暗病。

7. 蛀牙的看法：金主骨骼，食神主口，食神为金时主牙齿，临空亡主牙上有洞为蛀牙。

8. 与外伤或残疾有关的因素：

（1）七杀透干；

（2）官杀同透天干（头面显眼处带伤破相）；

（3）伤官与官或杀在天干；

（4）羊刃冲刑；

（5）金旺克木（木不一定是日干）；

（6）官杀在支被刑冲（四肢肚腹带伤破相）；

（7）伤官见官；

（8）八字刑冲（又带七杀更验）；

（9）天干有庚，地支有寅卯二字，防兽咬，或下肢有病伤；

（10）支有申、巳二字，四肢受过伤或手脚有病，如关节炎、肩周炎之类；

（11）柱有庚、辛、申、酉四字，有血光杀伤或肢体伤残之祸。

9. 和近视有关的因素：

（1）八字中有火被水克；

（2）火土熬干癸水；

（3）天干有庚或辛，同时又有丙或丁。

10. 腰痛：

（1）柱有卯辰二字（若日支卯，时支辰，易遭官非牢狱）；

（2）金木相战；

（3）壬癸水弱戊己土重。

11. 肠胃不好：

（1）八字中戊己土被木克（戊己土不一定是日干）；

（2）偏印多；

（3）食神逢枭；

（4）丙丁克庚辛。

12. 皮肤过敏：

（1）戊己日干，柱中火多火旺，泛水或无水；

（2）无论何日干，生于巳午未月，柱中火多，或者未戌之类支多。

13. 使人胖的因素：

（1）食神有力或食神为喜用（能吃能喝，胃口好，不挑食）；

（2）食神暗藏；

（3）伤食生财；

（4）正印有力；

（5）日干带合；

（6）癸日干身强；

（7）四柱纳音水多、四柱纳音火多（有两个就算，多主高壮）。

14. 使人瘦的因素：

（1）偏印有力；

（2）食神逢枭；

（3）比肩健旺（乏食伤）；

（4）劫财健旺（乏食伤）；

（5）七杀健旺；

（6）官杀混而身弱；

（7）四柱纳音土多、四柱纳音金多（有两个就算，多主瘦小）；

（8）支有子未二字（子未相穿脾胃不佳或有病）。

15．命局身弱遇枭神重见者，多半得肺痨伤损疾病。

16．枭神夺食者，多生消化道疾病，断食或食少。

17．妇女生产病：

（1）男命日支七杀、逢枭神者，妻多小产、经血不调。

（2）女命逢枭神多者，难产惊人。

（3）女命年干伤官，时逢羊刃刑冲，岁运逢枭神羊刃者，定有产厄。

（4）女命日时犯勾绞者，有产厄。

（5）女命逢日时卯酉冲者，堕胎克子、腹疾血刺。

（6）女命时临华盖遇空亡，一生不产。

18．羊刃重见三四者，必有眼盲耳聋之疾。

19．伤官重见者，防腰腿骨伤残。

20．当生有虎，怕入山岩，狼虎之伤，岁刑足病。柱有庚字，又有寅卯二字，防兽咬伤，更防脚有病或受伤。

21．雀逢天后，翅翼中道难安。朱雀为丙，天后为壬，柱有丙壬二字，防兄弟姊妹有夭折伤残，丙为年干更验。

22．跛足驼腰，只为杀神逢曲脚。主有残疾在身，杀即七杀。柱中巳、亥、寅、乙最后一笔是斜的，为曲脚煞，曲脚煞多，亦主伤残不免。

23．日时官杀杂乱，疾病交加。

24．四柱中水弱、金脆、火旺、木燥、土焦，是糖尿病患者的重要标志。

第八节　如何从四柱看一个人的配偶的健康

在命理学界一直有少数人不仅运用四柱分析一个人的命理，还在研究运用四柱分析一个人的健康状况，其中还包括推断一个人的配偶健康状况的研究。已经有人取得了一些经验和成果，笔者也获得了一些体会。

男命的四柱中正财代表妻子，劫财是冲克正财的，凡是男命的四柱中劫财旺，则是克妻标志。女命的四柱中正官为丈夫，最怕伤官冲克正官，凡是女命的四柱中伤官旺，则是克夫标志。而且克制配偶的五行越旺越不利配偶，皆主其人的配偶身体不好，甚至会夭亡。在命理学中，这两点往往应验于其人的配偶长期不在身边，或配偶长期身体不好。严重者多应验为离婚、感情不好等。

如果男命的婚姻宫中坐的是比肩而不是劫财，女命的婚姻宫坐的是食神而不是伤官，也象征着其配偶的身体不好，长期多病，但不至于很严重。

上面只是从一个人的四柱看其配偶身体状况的方法，而最直接和准确的方法是分析此人配偶的四柱。

第五章　根据五运六气推断健康

古人追求的"天人合一"目标认为，人与自然界是一个动态变化的整体。因此自然界的变化必然对人产生或好或坏的影响。运气学说，也就是五运六气理论可以用来推测未来气候的变化对人体健康可能产生的影响，以作为临床诊断和防治疾病时的参考。这正是中医理论中的"治未病"。源自《黄帝内经》的五运六气理论本来就是围绕着人体健康的主题而形成的，如果离开了这个主题，五运六气就没有了实际意义，也没有了存在价值。历史上的著名中医大家基本上都是得益于《黄帝内经》，而《黄帝内经》中关于五运六气的七篇运气大论恰恰是许多人感到最晦涩难懂的部分。这七篇运气大论是指：《天元记大论》《五运行大论》《六微旨大论》《气交变大论》《五常政大论》《六元正纪大论》《至真要大论》。

《黄帝内经·素问·举痛论》："黄帝问曰：余闻善言天者，必有验于人；善言古者，必有合于今；善言人者，必有厌于己。如此，则道不惑而至数极，所谓明也。"其中第一句"善言天者，必有验于人"就是阐述了"天人合一"的观念。

五运六气本质上是一门独立的学问，它是研究自然界，尤其是气候变化规律的，古人用十天干和十二地支的组合描述了自然界变化的规律。这门学问的创立之初本来和中医是没有直接关系的。同样，《黄帝内经》在成文之初与五运六气也并不关联。它告诉人们，人体的变化与自然界的变化是有关联的。有一种说法是，唐代的王冰把五运六气加入了《黄帝内经》之中，使得五运六气成为中医理论的一个重要内容。王冰是唐朝开元、天宝年间著名的医学大家，曾官至太仆令。他历经 12 载于唐宝应元年（公元 762 年）完成了《黄帝内经·素问注》一书，共 24 卷。《王冰医学全书》是王冰医学理论之大成，此书整理辑录了王冰对《黄帝内经·素问》的校勘疏注，书中记载了他系统研究运气学说的相关论述，其中包括王冰对《黄帝内经·素问》的校勘疏注。能将这个理论比较完整地保存下来，王冰功不可没。尤其是他为《黄帝内经·素问》做了全面的注释，补充了七篇大论，使运气学说得以流传。可以说王冰是传承五运六气之学的第一人。有人认为，从五运六气入手学中医，是快速学好中医的不二法门。这个观点应该是仁者见仁，智者见智。

除此之外，五运六气的运用范围很广，诸如：养生、保健、起名、择业、择偶、减肥、优生优育、心理校正，等等。其中一个主要的运用是保健，五运六气能根据年时预测什么年份将会流行那些疾病，再进一步告诉人们怎样去预防这些疾病。事实证明这种根据"五运六气"测病方法的应验率很高。它是按各年岁运的气候变化规律来推定的，在这方面的经典著作有《黄帝内经》的七篇大论、张介宾著的《类经图翼》，以及前几年出版的《开启中医之门·运气学导论》，等等。

古人认为医易同源，唐朝的药王孙思邈说："不知易，不足以言太医。"从而指出了易学对医学的指导作用。明朝张景岳则更系统地提出："天地之道，以阴阳二气而长养百骸。易者，易也，具阴阳动静之妙；医者，意也，合阴阳消长之机。"《黄帝内经·素问》论了阴阳之道，易学论述了变化之道，研究的是自然变化规律。所谓医易同源，就是说，易经在医学上的运用就是根据人与自然在变化上的关联性（即"天人合一"），来研究人体如何顺应自然产生了相应的变化。所以说，易学对于中医学的发展产生了十分深刻的影响，中国的历代著名医家都非常重视对于易学的研究工作。五运六气在医学上的应用就是根据一个人的个体对自然界未来变化的适应能力来推算出一个人的运气。人的运气对人体疾病发生的影响包括：发病的规律、患病的原因、疾病的季节倾向，以及不同地区气候和天气变化对疾病的影响等。例如，从发病的规律看，由于五运变化、六气变化，运气相合的变化，导致气候的不同，进而对人体发病的影响也不尽相同。

笔者曾经在多个场合说过，我国中医萎缩的原因既有外部原因，也有中医自身的内部原因。

外部原因之一是在西方的医疗体系进入中国后，一些人拿只有几百年历史的西方科学概念来衡量存续了数千年的中国传统医学，动辄扣上一顶"中医不科学"的大帽子，甚至有人公开叫嚣取缔中医。于是中国现在的医疗体系中，中医的生存空间被挤压，成了非主流医学。在那些三甲医院中，与西医有关的科室达数十个，却只有一个中医科。即使在一些正规的中医院，给中医分了多个科室，但还是设立了一些西医的科室。笔者绝没有否定西医的想法，笔者认为，中医和西医各有优势和短板，中国的医疗体系若想得到发展和完善，中医和西医一个都不能少。

外部原因之二是学习中医的生源质量不佳。现在高考的尖子生首先考虑的是计算机软硬件、生物工程、金融、法律等热门专业，很少有高考的尖子生会报考中医专业。

外部原因之三是中医的教育体系存在问题，依靠上大课的形式学习中医的效果很差，例如中医讲究望、闻、问、切，"切脉"依靠上大课是学不到真功夫的。中医需要传承，需要师傅带徒弟的模式。

导致中医萎缩也有一些内部原因，其一是中医不是一门开放式的学问，中医的诸多学派之间缺少交流和探索。

内部原因之二是中国传统文化中有一个说法"教会徒弟，饿死师傅"，使得师傅教徒弟留一手，徒弟教徒孙再留一手，于是医疗水平一代不如一代。而且各种秘方、秘技（例如正骨术）不公开，传子不传女。当然这个问题与我国历史上缺乏知识产权保护的法规有关。

撰写本书过程中，笔者认为，现在许多中医师没有很好地传承和研究五运六气，是导致中医萎缩的第三个内部原因。

第一节　五运六气预测健康的原理

"五运六气"预测健康变化的原理之一是以每年的天干配以五行合化来测定气候变化。十天干中有五对合化：甲与己合化土、乙与庚合化金、丙与辛合化水、丁与壬合化木、戊与癸合化火。即由一个阳天干和一个阴天干合化出一种与这两个天干本来的属性不同的五行属性。而且合化出的五行属性两个天干中以阳干代表该五行过盛，用阴干代表该五行不足，以此描述每年气候变化，以及对人体健康产生的影响，从而提前预防。

一、根据甲与己合化土预测

1. 年干为甲之年：由于甲为阳干，所以土运太过，湿气流行，导致肾水受克，需要注意生殖、肝胆、泌尿系统的疾病。

2. 年干为己之年：由于己为阴干，所以土运不足，风气流行，导致脾土受克，需要注意肝胆、脾胃、神经方面的疾病。

二、根据乙与庚合化金预测

1. 年干为庚之年：由于庚为阳干，所以金运太过，燥气流行，导致肝木受克，需要注意肝胆、心脏循环系统的疾病。

2. 年干为乙之年：由于乙为阴干，所以金运不足，火气流行，导致肺金受克，需要注意心肺、呼吸系统的疾病。

三、根据丙与辛合化水预测

1. 年干为丙之年：水运太过，寒气流行，心火受克，需要注意血液循环、脾胃方面的疾病。

2. 年干为辛之年：水运不及，湿气流行，肾水受克，需要注意肾和脾胃方面的疾病。

四、根据丁与壬合化木预测

1. 年干为壬之年：木运太过，风气流行，脾土受害，需要注意肠胃、呼吸系统的疾病。

2．年干为丁之年：木运不及，燥气流行，肝木受克，需要注意肝胆、呼吸及神经系统的疾病。

五、根据戊与癸合化火预测

1．年干为戊之年：火运太过，暑气流行，肺金受克，需要注意呼吸泌尿、生殖方面的疾病。

2．年干为癸之年：火运不足，寒气流行，心火受克，需要注意心脏及泌尿方面的疾病。

第二节 五运六气与经络、脏腑

在第三章"五运六气基本概念"中已经介绍了由天干决定的五运：甲己合化土为土运、乙庚合化金为金运、丙辛合化水为水运、丁壬合化木为木运、戊癸合化火为火运。由地支决定的六气：子午为少阴君火、丑未为太阴湿土、寅申为少阳相火、卯酉为阳明燥金、辰戌为太阳寒水、己亥为厥阴风木。

五运和六气与五行之间对应关系的差异在于：五运分为金、木、水、火、土五种运。而六气则将火分为君火和相火两种，所以有六种气。

《四圣心源·卷二·六气解》："厥阴风木：足厥阴肝（乙木）、手厥阴心主（相火）；少阴君火：手少阴心（丁火）、足少阴肾（癸水）；少阳相火：手少阳三焦（相火）、足少阳胆（甲木）；太阴湿土：足太阴脾（己土）、手太阴肺（辛金）；阳明燥金：手阳明大肠（庚金）、足阳明胃（戊土）；太阳寒水：足太阳膀胱（壬水）、手太阳小肠（丙火）。"

故十二经络与阴阳五行、六气的对应关系如下：

（1）足厥阴肝（乙木）、手厥阴心主（相火）；

（2）少阴君火：手少阴心（丁火）、足少阴肾（癸水）；

（3）少阳相火：手少阳三焦（相火）、足少阳胆（甲木）；

（4）太阴湿土：足太阴脾（己土）、手太阴肺（辛金）；

（5）阳明燥金：手阳明大肠（庚金）、足阳明胃（戊土）；

（6）太阳寒水：足太阳膀胱（壬水）、手太阳小肠（丙火）。

表32 六气与十二经络对应表

五行	六气	十二经	阴阳	
木	厥阴风木	手厥阴心包经、足厥阴肝经	一阴	阴
火	少阴君火	手少阴心经、足少阴肾经	二阴	
土	太阴湿土	手太阴肺经、足太阴脾经	三阴	
火	少阳相火	手少阳三焦经、足少阳胆经	一阳	阳
金	阳明燥金	手阳明大肠经、足阳明胃经	二阳	
水	太阳寒水	手太阳小肠经、足太阳膀胱经	三阳	

表 32 中列出了六气与经络和脏腑之间的对应关系。而且，六气的五行属性将由五行属性决定的五运（土运、金运、水运、木运、火运）关联了起来。

有了上述关系，于是可以从年干推算五运，从年支推算六气，再从运与气之间观察生克关系，进一步用于判断该年气候的变化与发生疾病的关联关系。这就是从五运六气推断健康的基本内容。

第三节　根据五运六气测病

五运六气在中医领域的应用遵循"不以数推，而以象类"的原理。即每年有一主气，发病时间又有客气加临主气及司天在泉之气。到底病气为何，要观察发病时外界具体气候，更要观察病人病候，具体辩证得病机。

表 33　十天干对应的岁运之特点

六甲之岁	甲子、甲戌、甲午、甲申、甲辰、甲寅	湿	为土运太过，故虽有木来克土，但土有余，于是雨湿流行。
六己之岁	己巳、己卯、己丑、己亥、己酉、己未	风	为土运不及，由于土运不及，故木气胜，于是风仍大行。
六庚之岁	庚午、庚辰、庚寅、庚子、庚戌、庚申	燥	为金运太过，故虽有火来克金，但金有余，于是燥气仍流行。
六乙之岁	乙丑、乙亥、乙酉、乙未、乙巳、乙卯	暑	为金运不及，土气克金之后仍有余，于是炎火流行。
六丙之岁	丙寅、丙子、丙戌、丙申、丙午、丙辰	寒	为水运太过，虽有土来克水，但水仍有余，于是寒气流行。
六辛之岁	辛未、辛巳、辛卯、辛丑、辛亥、辛酉	湿	为水运不及，故土气克水之后仍有余，于是湿气流行。
六壬之岁	壬申、壬午、壬辰、壬寅、壬子、壬戌	风	为木运太过，虽有金来克木，但木仍有余，于是风气流行。
六丁之岁	丁卯、丁丑、丁亥、丁酉、丁未、丁巳	燥	为木运不及，故金气克木之后仍有余，于是燥气流行。
六戊之岁	戊辰、戊寅、戊子、戊戌、戊申、戊午	暑	为火运太过，虽有水来克火，但火仍有余，于是炎暑流行。
六癸之岁	癸酉、癸未、癸巳、癸卯、癸丑、癸亥	寒	为火运不及，故水气克火之后仍有余，于是寒气流行。

一、根据五运预测人体的健康

在第二章中已经介绍过五运分为大运、主运和客运。大运是指每一年的岁运，根据金、木、水、火、土五行属性有五种大运。

1. 根据五运的属性预测

每年气候变化的一般规律是：春风、夏热、长夏湿、秋燥、冬寒。这种变化与发病的关系是：春季肝病较多，夏季心病较多，长夏脾病较多，秋季肺病较多，冬季肾病较多。

每年的春季行木运，即初运。木在天为风，对应的脏器为肝，由于每年春季的气候变化主要是风气变化较大，反映在人体则是肝气受到影响，所以在春季患肝脏病的较多。

每年的夏季行火运，即二运，火在天为热，对应的脏器为心，由于每年夏季的气候变化主要是火热变化较大，反映在人体则是心气受到影响，所以在夏季患心脏病的较多。

每年的长夏行土运，即三运，土在天为湿，对应的脏器为脾，由于每年长夏的气候变化主要是雨水较多，湿气较重，反映在人体则是脾气受到影响，所以在长夏患脾脏病的较多。

每年的秋季行金运，即四运，金在天为燥，对应的脏器为肺，由于每年秋季的气候变化主要是燥气变化较大，反映在人体则是肺气受到影响，所以在秋季患肺病的较多。

每年的冬季行水运，即五运，水在天为寒，对应的脏器为肾，由于每年冬季的气候比较寒冷，反映在人体则是肾气受到影响，所以在冬季患肾病、骨骼和关节疾病的较多（由于肾主骨，所以骨骼和关节也容易患病）。

2. 根据五运的状态预测

由于十干有阴阳之分，而阳有太过、阴有不及之分。如逢甲年、丙年、戊年、庚年、壬年皆为阳干之运，阳为太过，故其运气太过；不及，是指主岁之运气衰而不足，如逢乙年、丁年、己年、辛年、癸年皆为阴干之运，阴为不及，故其运气不及。所以十天干所化之运就有太过和不及之别。但是，由于五运会有六气和岁支等来相遇和叠加，即运与运、运与岁支、运与气相合，运得其制约或生助。也就是张介宾在《类经图翼·五运太少齐兼化逆顺图解》中说的：“平气，如运太过而被抑，运不及而得助也。”大运的平气、太过和不及三种状态，亦称为“五运三纪”，即《素问·五常政大论》中所谓：“三气之纪”。采用“纪”这个字使得这三种状态具有了时间的内涵，即是说大运在某个时段处于这三种状态之一。

在这三种状态下发生各种疾病的情况各不相同。五运的太过和不及都会影响人体疾病的发生与流行。一般来说，平气状态与太过和不及都不同，它对人体的影响较小，但还是可能引发疾病。关于太过和不及的详细解释参见第三章第一节"五运"。

（1）平气状态

如上所述，所谓平气，是指五种运气在某个时段中的变化比较平和，既不是大过，也不是不及。这个时段称为"平气之纪"。在《黄帝内经》中将五行的平气之纪区分为五种："敷和之纪……其病里急支满……；升明之纪，其病困瘛……；备化之纪，其病痞……；审平之纪，其病咳……；静顺之纪，其病厥"（《素问·五常政大论》）。即，敷和之纪、升明之纪、备化之纪、审平之纪、静顺之纪五种。在这五种状态的时段，人体的健康状况各不相同。

① 敷和之纪

木之平气称敷和之纪，其病里急，支满。所谓"支满"是指胸及胁肋部支撑胀满。《素问·缪刺论》："邪客于足少阴之络，令人卒心痛，暴胀，胸胁支满。"因肝主筋，故其病宜在筋。

"敷和之纪，木德周行，阳舒阴布，五化宣平"是说：敷和之纪，即木运之气治化平和之年。丁壬化木，凡岁干丁、壬之年行木运，按照"太过被抑，不及得助"的原则来确定平气之年。

"木德"：木的纯正品德；"阳舒"：阳气舒发；"阴布"：阴气平顺，"布"意为平顺。"五化"是指五行的气化，即：生、长、化、收、藏。春生之气平和，则可卜五行气化亦趋平和，故曰五化宣平。

"其脏肝，肝其畏清，其主目。"《素问·五运行大论》云："东方生风，风生木，木生酸，酸生肝。"故其对应的脏器是肝。肝属木，由于金克木，故肝畏秋之金气，即清凉之气。肝开窍于目。

② 升明之纪

火之平气称升明之纪，"升明"就是太阳升高、阳光给地面带来光明，热量大导致空气流动加快传热，于是气温升高。心的五行属性为火，与此关联的是人体的心脑血管循环系统。

151

"升明之纪，正阳而治，德施周普，五化均衡"是说：升明之纪，即火运之气治化平和之年。戊癸化火，凡岁干戊、癸之年行火运，按"太过被抑，不及得助"的原则确定平气之年。"正阳"：纯正、当令之阳。

"其脏心，心其畏寒，其主舌。"《素问·五运行大论》云："南方生热，热生火火生苦，苦生心。故其脏心。寒为冬之水气，水克火，故心畏寒。心开窍于舌"，故其对应的脏器是心。心属火，由于水克火，故心畏冬之水气。

③ 备化之纪

土之平气称备化之纪，其病痞满，因脾主肌肉，故其病宜在肉。备化之纪，气协天休，德流四政，五化齐修，土的特性是：气平、性顺、化丰满、气候溽蒸且湿。

"备化之纪"：即土运之气治化平和之年。甲己化土，凡岁干甲、己之年行土运，按"太过被抑，不及得助"的原则确定备化之年。

"其脏脾。脾其畏风，其主口。"《素问·五运行大论》云："中央生湿，湿生土，土生甘，甘生脾。脾开窍于口。"故其对应的脏器是脾。脾属土，由于木克土，故脾畏春之木气。

"其色黄，其养肉，其病否"：黄为土之色，土之精气养肉，脾主肉。否，同"痞"，土病不能运化，故痞塞不通。

④ 审平之纪

金之平气称审平之纪，审平之纪，收而不争，杀而无犯，五化宣明。金的特性是：气洁、性刚、化坚敛、时令干燥。

"审平之纪"：即金运之气治化平和之年。乙庚化金，凡岁干乙、庚之年行金运，按"太过被抑，不及得助"的原则确定审平之年。

"其脏肺，肺其畏热，其主鼻。"《素问·五运行大论》云："西方生燥，燥生金，金生辛，辛生肺。肺开窍于鼻。"故其对应的脏器是肺，对应的病症是咳嗽。因肺合皮毛，故其病宜在皮毛。肺属金，由于火克金，热为夏之火气，故肺畏热。

⑤ 静顺之纪

水之平气称静顺之纪，静顺之纪，藏而勿害，治而善下，五化咸整。水的特性是：气明，性下、化凝坚。

"静顺之纪"：即水运之气治化平和之年。丙辛化水，凡岁干丙、辛之年行水运，按"太过被抑，不及得助"的原则确定静顺之年。

"其脏肾，肾其畏湿，其主二阴。"《素问·五运行大论》云："北方生寒，寒生水，水生咸，咸生肾。"故其对应的脏器是肾。湿为长夏土气，由于土克水，故肾畏湿。"肾开窍于二阴"，是指，前阴的排尿和生殖功能，以及后阴大便排泄功能均与肾的气化功能相关。其病厥逆，因肾主骨，故其病宜在骨。

（2）太过状态

所谓太过，亦即岁运太过，是指主岁的运气旺盛而有余，于是本运气胜，则本气流行。导致因岁运之气在太旺状态下流行而引发各种疾病。凡逢甲、丙、戊、庚、壬五阳干之年，阳为太过，均主岁运之气有余，即为岁运太过。

岁运太过的发病规律还包含着胜气和复气的概念。所谓胜气，指偏胜之气。六气盛衰不常。但是有所胜则必有所复。所谓复气，指报复之气。如五运中某运偏胜，称为胜气，有所胜必有另一运以报复之，称为复气。胜复的一般规律是凡先有胜，后必有复，以报其胜。

① 岁木太过

《黄帝内经》中称"发生之纪"，是指木气有余，生发旺盛。《素问·气交变大论》云："岁木太过，风气流行，脾土受邪，民病飧泄，食减，体重，烦冤，肠鸣，腹支满……甚则忽忽善怒，眩晕癫疾……反胁痛而吐甚。"风气通于肝，木运太过，风气大来，脾土受邪，会对脾土、肺金虚弱的人产生影响。容易引起脾虚、肝火旺、风气重、风湿、偏头疼等疾病。具体表现如泄泻食减、体重烦冤、肠鸣、腹支满、呕吐等症状。

此外，木运太过会导致肝气偏盛，具体表现为善怒、抽搐、偏瘫、眩晕、胸胁痛等肝脏受损症状。

在六十甲子中，壬申、壬午、壬辰、壬寅、壬子、壬戌这六年为木运太过之年。凡是木运太过之年，反映在天气方面则是：风气强盛，多有大风、暴风等。反映在人体方面则是：肝气偏盛。而且由于木（风）克土的关系，属土的脾容易受到损害。

又由于五行胜复的关系，虽然土受到木的克制，但是在长夏土当令的时节，土旺，由土生助的金会来克木（报复），于是对属木的肝、胆系统不利。

② 岁火太过

《素问·气交变大论》云："岁火太过，炎暑流行"，反映在天气方面则是：炎暑流行，导致虐疾流行。反映在人体方面则是：火盛为邪，正气不足，火灼肺金，肺伤则见呼吸少气、咳喘息鸣等症状。感受疟邪及暑热之气，邪毒侵入人体而发病。

若本脏患病，火气上逆而致咽干，耳聋，两胁、两臂、胸背、肩胛甚至全身骨节疼痛，胁支满，身热，浸淫等。一旦肺金受邪（火克金），则多患病疟（热留腠理）、少气、咳喘，以及因肺之阳络受伤而血溢于上而吐血、衄血，或者肺之阴络受伤而血泄注于下而便血、尿血等。

凡岁火太过，必然暑气流行，导致肺金受邪，这种体质容易上火，咽喉病多。根据培土生金的原则，应以健脾为主，或者直接补肺气。宜食用党参、黄芪、山药、百合、五指毛桃、北沙参、葛根、玉竹、牛大力、千斤拔、石仙桃等。

若火气太过，再逢司天之气是少阴（君火）、少阳（相火），则其热尤甚，导致水源干涸，则谵妄狂越，咳喘息鸣，二便下血不止。若火运伤金进而灼劫肾阴（金生水，金伤则不能生水），则有嗌燥、耳聋、中热、肩背热痛等症。

由于金被克而导致金气虚的人会出现肺气失常的病变：呼吸系统疾病和皮肤病等。如果春夏风火偏盛，则会因风火来克而出现呕吐、反酸、咳喘、眩晕等症状。

又由于五行胜复的关系，虽然金被火克制，但在秋令时节金气旺，金生助的水来克火（报复），于是对属火的心脏不利，故易患心血管系统疾病。

③ 岁土太过

《素问·气交变大论》云："岁土太过，雨湿流行"，即土运太过，雨湿流行。即脾土偏胜，土来克水，属性为水的肾脏被侵。于是导致气血之源不足，再由于气不足导致四肢不举、肌肉萎缩、足痿不行、抽掣拘挛、脚下痛、行动不便、清厥（厥冷）、忧郁不乐（因为"肾藏志"，所以志不舒则忧郁不乐）。

岁土太过，导致雨湿流行，肾水受邪，脾土太湿容易脾虚，中焦湿浊，还容易肾虚。宜多用黑白色的物品，多穿黑色和白色的衣服。食疗可以用五指毛桃汤再加茯苓、莲子、薏仁，利于健脾、补肾、去湿。

又由于五行胜复的关系，虽然水被土克制，但在春季木当令时节，水生助的木气来克土（报复），于是属土的脾脏易患病，出现腹满、溏泄、肠鸣、泄泻不止等疾病。

④岁金太过

《素问·气交变大论》云："岁金太过，燥气流行，肝木受邪"，即肺金偏胜，由于金克木，属性为木的肝脏受侵，故两胁及小腹疼痛、目赤肿痛、眼角溃疡、耳聋等。

岁金太过，燥气流行，肝木受邪，容易有肝郁症状。如果金太旺，肺阴虚，可以吃养阴的食物，如银耳、百合、北沙参。则容易有两胁下和小腹疼痛、目赤痛、眦疡、听力受损。严重者会有体重烦冤，胸痛引背，两胁满且痛引发小腹痛等症状。皮肤容易长痘痘，比较燥。此类人重点在疏肝，多吃绿色和黑色的食物。黑为水，而金生水，所以黑色是泄金气的。多吃绿色的蔬菜水果，颜色比较深的。也可以吃红色的食物来克金，如洋葱、胡萝卜、西红柿、柠檬、苹果汁、猕猴桃等食物。

又由于五行胜复的关系，虽然木被金克制，但在春季木当令，木生助的火气来克制金（报复），于是会出现咳嗽喘促，呼吸困难，肩背痛，以及尻、阴、股、膝、髀、腨、箭、足等处会有疼痛之感。

⑤岁水太过

《素问·气交变大论》云："岁水太过，寒气流行，邪害心火"，由于水运太过导致肾水偏胜，水强则克火，故心脏受邪，其病发热、心悸烦躁、四肢厥逆、全身发冷、谵妄、心痛。水邪泛溢，土不能制，则有腹水、足胫浮肿等。若逢太阳寒水之气司天，则病腹满泄泻、饮食不化、口渴等症状。

此外，寒湿太过属于心阳虚体质，容易胃寒。可以考虑做艾灸，多喝玫瑰四物饮、姜母茶、红糖、枸杞，补火。宜多吃红豆、核桃仁、松子仁、白子仁、开心果等。

很多寒湿体质的人会多思多虑，执行能力也会弱一些，想得多做得少，让他做创意总监比较好。木旺和土旺的人执行能力强，而水旺的人是想得多做得少。

这种年份的人脸上会长很多的痘痘。身体的虚火大，是一种虚症，是虚火，千万别喝太多凉茶。身体的寒湿太重，表现出了自身很强的免疫能力，产生很多的热量来消减这种寒症。有些胃火重，也是胃寒，不要吃太多凉的东西，会长更多的痘痘。这种要健脾，温肾阳，寒气祛除掉痘痘就好了。

又由于五行胜复的关系，虽然火被水克制，但在夏季火当令，火生助的土来克制水（报复），于是会出现气血不足，再由于气血不足导致四肢不举、肌肉萎缩、足痿不行、抽掣拘挛、脚下痛、行动不便等症状。

总之，岁运太过，是本运之气太过，因而本气流行。其发病除考虑岁运本身的影响外，还要结合五行生克关系之中有"来复"的现象引发的疾病。

（3）不及状态

所谓不及，亦即岁运不及，是指主岁的运气衰少而不足，即本运气衰，则克气大行。于是岁运之气被另一行之气克制，凡逢乙、丁、己、辛、癸五阴干之年，阴为不及，均主岁运之气衰少，即为不及。

岁运不及发病规律与岁运太过相同的是，也包含着胜气和复气的概念。参见（2）太过状态。例如，木运不及，金气胜木，木郁生火，火能克金，称为复。木气受制，子气来复，炎暑流火，故现寒热、疮疡、痱疹、痈痤等暑热病。

① 岁木不及

《素问·气交变大论》云："岁木不及，燥乃大行"，胜运的燥气大行，肺金发病，故见寒热、咳而鼽等。由于"己所不胜侮而乘之"。所以本运相应的脏腑被抑。肝气不足，则见胁、少腹等处疼痛。"己所胜轻而侮之"，木气不及，制土无权，故会有肠鸣、溏泄等疾病。

"岁木不及，燥乃大行"，凡是木运不及之年，克木之气的燥气就会偏胜，反映在天气方面则是：以偏凉为特点。反映在人体方面则是：由于属木的肝气不足，疏泄失职而影响脾的运化。

凡岁木不及，易导致先天肝气不足。此类人容易郁闷、不开心、性格内向，甚至患自闭症。女性由于肝郁气滞，易患乳腺增生、子宫肌瘤、卵巢囊肿等疾病。春冬两季适合养肝，例如艾灸涌泉穴、太溪、三阴交等穴位。还可以采用中药泡脚和药浴。宜选用黑色、绿色的服饰。

又由于五行胜复的关系，虽然由于木运不及被金克制，但有木生助的火来克金（报复），在人体方面则会出现心火偏胜的症状，以及火克制金而引起的咳嗽、鼻衄及各种皮肤病（因为肺主皮毛）等。

②岁火不及

《素问·气交变大论》云："岁火不及，寒乃大行"，即寒水之气大行，水胜侮土，阴寒凝积，阳气不化。反映在人体方面则是：会有昏惑、健忘（火不足而心神溃）等症。以及胸中痛、胁支满、两胁、膺背肩胛间及两臂内痛，气郁上冒，眼花眩晕，心痛，暴喑，胸腹肿大，胁下与腰背相引而痛。严重者会四肢屈不能伸，髋骨与腿之间不能活动自如。

凡岁火不及，必然会导致寒湿较重。此类人喜欢吃面食（麦子可以补火）。宜多吃酸味食物，穿红色的衣服，多接触大自然，多晒太阳。还可以多吃红枣、红糖、红薯、枸杞、西红柿、胡萝卜、红莲子、红豆等红色的食物，以及柏子养心丸、人参归脾丸、龙眼肉等。

又由于五行胜复的关系，虽然由于火运不及被水克制，但有火生助的土趁水之虚而来克水（报复）。例如，若夏季火气不及而水气乘之，但到长夏湿土之气当令时，则土又来克水，即土气来复，则脾失健运，于是人易患大便溏泄、腹满、食饮不下、寒中肠鸣、腹痛、两足痉挛痿痹、萎缩麻木导致不能行走等疾病。

③岁土不及

《素问·气交变大论》云："岁土不及，风乃大行"，即木来克制湿土，使得脾土气衰。反映在人体方面则是：出现飧泄、霍乱、体重、腹痛、肌肉困动而疼痛等症状。

凡岁土不及，容易导致先天脾土比较弱，在山根（两眉之间）的位置上有青筋，脸色晦暗发黄，且易有肝风。容易睡眠不好（因胃不和则卧不宁）。此类人重点在健脾，多吃大枣、小米粥、胡萝卜等食物。

又由于五行胜复的关系，虽然由于土运不及被木克制，但土生助的金趁木之虚来克木（报复），导致出现肝气不舒，胸胁暴痛波及少腹，呼吸少气而善太息（即叹息——呼气多吸气少而长），食少、失味等症状。

④岁金不及

《素问·气交变大论》云："岁金不及，炎火乃行"，由于火克金，导致金衰不能制木，木气旺盛。反映在人体方面则是：出现肩背闷重、鼻塞流涕、喷嚏、大便下血、泄泻急剧等疾病。

岁金不及导致肺气不足。由于金弱而不生水，所以肾也不足；由于金弱而不克木，所以木无克制，肝胆易怒。宜多吃黄白色的食物和药物，培土生金，诸如：党参、黄芪、山药、小米、白萝卜等，或可以戴金饰来补金的不足。

又由于五行胜复的关系，虽然由于金运不及被火克制，但金生助的水趁火之虚来克火（报复），导致寒气偏胜，导致出现口疮、心痛、吐血、衄血、便血、尿血等症状。

⑤ 岁水不及

《素问·气交变大论》云："岁水不及，湿乃大行"，由于水气衰弱，使得火气偏旺。反映在人体方面则是：腹胀闷满，身重溏泄，阴性疮疡，脓水稀薄，腰股疼痛，下肢关节运动不利，烦闷抑郁，足痿厥冷，脚下痛，甚至足跗浮肿。若逢太阴（君火）司天，寒水在泉，则患下部寒疾，甚则腹满浮肿。

另外，岁水不及容易导致肾虚，由于肾水不足滋养不了肝木，故此类人往往汗少，若是女性则经量少。可以从补肾入手，多吃黑色食物（芝麻、黑豆、黑木耳等），或者何首乌、六味地黄丸、乌鸡白凤丸等药物。

又由于五行胜复的关系，虽然由于水运不及被土克制，但水生助的木趁土之虚来克水（报复），导致出现面色时变、筋骨拘急疼痛、运动不利、肌肉跳动痉挛、两眼昏花、视觉不明或失常、风疹、心腹痛等症状。

综上所述，五运的平气、太过和不及状态的本质是五行在不同时段（年份或季节）的旺相休囚状态。由于人体的五脏六腑也具有五行属性，于是五脏六腑在不同的时段也会受到五行属性的旺相休囚状态和相生相克关系的影响而患上各种疾病。

二、根据六气预测人体的健康

六气测病有一个基本规则："不以数推，而以象类。"即每年有一个主气，然后根据由自然界和气候引发的客气加临主气，以及司天在泉之气来预测发病时间与何种疾病。当然还需要结合具体的人的四柱才能使得时间更加精准，病种更加具体。

根据六气测病，与根据五运测病的原理相同，具体的方法基本相似。

如第三章第二节"六气"所述，六气分为主气、客气和客主加临三种。而且无论是主气还是客气，一共有六种气。

根据"客气为天，主气为地"的规则，主气是"地之气"，所以又称为"固定的主气"。这是由于主气按照每年的二十四个节气和十二个月划分，而节气和月份的纪法采用地支，所以说"主气为地"。而这里说的"地"是固定不变的，是指任何一年的六种主气的排列顺序固定不变。相对于主气与地支关联，客气却是由每年的天干决定的，所以称为"天之气"。

1. 根据主气状态测病

（1）对不同季节测病

初之气为厥阴风木，相当于每年的初春，气候变化多风，疾病流行以肝病居多。

二之气为少阴君火，相当于每年的暮春初夏，气候逐渐转热，疾病流行以肝心病居多。

三之气为少阳相火，相当于每年的夏季，气候炎热，疾病流行以心病、暑病居多。

四之气为太阴湿土，相当于每年的暮夏初秋，气候变化以湿气为重，疾病流行以脾病居多。

五之气为阳明燥金，相当于每年秋冬之间，气候变化以燥气较重，疾病发生以肺病居多。

终之气为太阳寒水，相当于每年的严冬，气候严寒，疾病发生以关节病和感冒居多。

（2）主气与发病

主气为主管一年各个季节气候变化的主时之气。在正常情况下，为天之六气，对生物及人本无害而有益。在反常情况下，谓之六淫邪气，是破坏自然气候环境，导致人体发病的重要因素。《素问·六微旨大论》曰："至而至者和。至而不至，来气不及也；未至而至，来气有余也。"

凡六气按时令而至者谓和平之气，即正常的主时之气；凡时令至而气不至者为该来之气不及；凡时令未至而气先至者为该来之气太过。后两种均属于六气的失常。若遇六气失常，如果人体能够适应，就为顺而不病。

否则，超过了人体的适应能力，就为逆而生病。故曰："应则顺，否则逆，逆则变生，变则病。""当期为应，愆时为否，天地之气生化不息，无止碍也。不应有而有，是造化之气失常。"（王冰所注释的：《素问·六微旨大论》）"失常则气变，变常则气血纷挠而为病也。天地变而失常，则万物皆病。"（王冰所注释的：《素问·六微旨大论》）

2. 根据客气状态测病

六气司天在泉与发病：客气有司天在泉的不同，对人体发病的影响也不一样。对于司天在泉胜气发病，主要是从值年司天在泉上下二气的不同，找出一般的发病规律。推测时，根据该年年支查表，便可知何气司天，何气在泉。司天之气主管上半年，在泉之气主管下半年。何气司天在泉就是何气淫胜发病。三阴三阳司天，六气下临，而人之脏气上应，由于三阴三阳司天在泉不同，自然界六气变化各异，因此引起人体不同的脏器发病。其中也贯穿五行生克的理论。现将司天之气和在泉之气与人体发病的关系分述如下：

（1）子午之年

为少阴之气司天。少阴君火司上半年之令，热气偏胜，火行其政。

因其制己所胜，火旺克金，故以其所胜的肺金病变为主。但是，由于侮反受邪，所以，可见到心本脏的病变，甚至可以影响到生我之脏的肝木，出现胸中烦热，咽干，右胁满，皮肤疼痛，寒热，咳喘，唾血、下血、衄衊、喷嚏，呕吐，小便变色，甚至疮疡，跗肿，肩背、臂、缺盆等皆痛，心痛，肺部胀满，腹部膜胀而咳喘。其下半年，为阳明在泉之气偏胜，燥淫所胜。由于制其所胜，故以其所胜的肝病为主。但由于侮反受邪及侮所不胜，也可引起肺本脏和心脏发病，出现呕吐苦味、善太息、皮肤面部干枯不泽、足外反热等。

（2）丑未之年

为太阴之气司天。太阴湿土之气主上半年之令。因其制己所胜，故以其所胜的肾水病变为主。但由于侮反受邪，所以还可以见到脾本脏病变，甚至影响到生我之脏的心火，出现跗肿、骨痛阴痹、腰脊头颈痛、眩晕、大便难、阴气不用、饥不欲食、咳唾带血、心如悬等。其下半年，为太阳在泉之气所主，寒气偏胜。寒淫于下，肾膀胱自伤，且水旺克火，故还可现心与小肠等脏器的病变，出现少腹疾病、控引睾丸腰脊、上冲心痛、见血、嗌痛颔肿等。

（3）寅申之年

为少阳之气司天。少阳相火之气主上半年之令，火气偏胜，湿热流行。相火淫胜，金受其制，客热内燔，水不能制，故现头痛，发热恶寒而疟，皮肤疼痛，其色黄赤，面身浮肿，腹满仰息，泄泻暴注，赤白痢疾，咳嗽，吐血，烦心，胸中热，鼻衄等。其下半年，为厥阴在泉之气所主。风淫于地，木气有余，脾土受伤，故春病除现心痛支满、两胁里急等肝胆本脏症候外，还可现洒洒振寒，善呻数欠，饮食不下，鬲咽不通，食后呕吐，腹胀噫气，大便疏利或矢气则快然如衰等。

（4）卯酉之年

为阳明之气司天。阳明燥金之气主上半年之令。燥金淫胜，木受其克，故春病在肝胆和肺等，表现为左胁痛、疟、肠鸣注泄鹜溏、心胁暴痛、不可反侧、嗌干面尘、腰痛、男子㿉疝、女子小腹痛、眼目昏昧不明、眼角疼痛、疮疡痈疽以及咳嗽痛等。其下半年，为少阴君火之气在泉。热气偏胜，火热内迫，逆乘于肺，侵及中下二焦，故现腹中常鸣、气上冲腹、喘不能立、寒热、皮肤痛、目瞑、齿痛、顺肿、寒热如疟、少腹痛、腹胀大等。

（5）辰戌之年

为太阳之气司天。太阳寒水之气主上半年之令。寒气淫胜，如戊癸化火之运，则水火相激，寒水伤心化热，则现痈疡、厥逆心痛、呕血、下血、衄血、善恐、眩晕欲仆、胸腹满、手热、肘挛腋肿、心中儋儋大动、胸胁胃脘不适、面赤目黄、咽嗌干燥、甚至面黑如炲、渴欲饮水等。其下半年，为太阴湿土之气在泉，土胜湿淫，土胜克水，故其病在脾、肾、三焦、膀胱等，表现为饮邪积聚、心痛、耳聋浑浑焞焞、嗌肿喉痹，阴病见血如便血、溺血，少腹肿痛、小便痛等，头痛、目痛如脱、项部掣痛、腰痛不可回转、胭如结、喘如别等。

（6）己亥之年

为厥阴之气司天。厥阴风木之气主上半年之令，风气淫胜，木邪乘土，故其病为风木克脾，土不胜木。表现为胃脘心部疼痛、连及两胁、鬲咽不通、饮食不下、舌本强、食人则呕、冷泄腹胀、便溏泄瘕、小便不通等。其下半年，为少阳相火之气在泉，相火；淫胜，热极生寒，寒热更至，热在下焦则注泄赤白、少腹痛、溺赤、甚则血便。其余诸病与少阴在泉同候。

综上所述，司天和在泉不同，六气变化各异，引起人体脏腑发病也不尽相同。

但其发病规律都是用五行生克制化理论来加以说明的。如少阴君火司天，则火灼肺金，多见肺病；阳明燥金在泉，燥气太过，则金气克木，故肝病居多等。此外，六气有胜复之别，对人体脏腑发病的影响也不相同，其规律也是根据五行生克制化理论来制定的。六气盛衰不常，有所胜则必有所复。如，厥阴风木之气太过，木可胜土，土受其制，由于五行相制，金可克木，因此，土气被克过甚的情况下，金气变成为复气而产生异常。所以，我们不但要考虑到肝病、脾胃病，同时也要考虑到肺病。《世补斋医书》曰："厥阴之胜，此言风木气胜而土受制也……厥阴之复，此言木气先金制而既乃复也。"

表 34　客气对应的疾病症状

三阴三阳司天	六气下临	脏气上从	发病症状
少阳	火气	肺气	咳嚏，衄蚋，鼻塞疮疡，寒热（谓疟疾）附肿，心痛，胃脘痛，嚘逆，鬲不通。
阳明	燥气	肝气	胁痛，目赤，动摇，战栗，筋脉萎弱，不能久立，小便赤黄，寒热如疟，心痛。
太阳	寒气	心气	心热烦闷，咽喉干，常口渴，流涕，喷嚏，容易悲哀，常打哈欠，善忘，心痛，水饮内蓄，中满不食，皮肤麻痹，肌肉不仁，筋脉不利，浮肿，转身困难。
厥阴	风气	脾气	身体发重，肌肉萎缩，食少，口不辨味，目转耳鸣，多病赤痢。
少阴	热气	肺气	哮喘，呕吐，寒热，喷嚏，鼻衄，鼻塞不通，疮疡，高烧，胁痛，善太息。
太阴	湿气	肾气	胸中不利，阴痿，腰臀疼痛，动转不便，厥逆，心下痞塞而痛，少腹痛，时碍饮食。

3. 根据客主加临状态测病

在"第三章 五运六气基本概念"中已经介绍了客气和主气都是由厥阴风木、少阴君火、太阴湿土、少阳相火、阳明燥金、太阳寒水六种气组成，分为六步。在不同的时段在每一步客气和主气各有一种气。二者在这个时段相遇，即为"客主加临"。

客气和主气六步分别加临以后，需要观察客气和主气之间的关系状况。《素问·五运行大论》云："气相得则和，不相得则病。"当客主加临时，客气和主气的顺逆总以客气为主，凡客气胜过主气则为顺，若是客克主、客生主、君位臣三种状态则为顺。反之，凡主气胜过客气则为逆，若是主克客、主生客、臣位君三种状态则为逆。此外，还有"同气"状态，例如，客气少阳相火，加在主气少阳相火之上，或厥阴风木加在厥阴风木之上等，既无生克之分，又无君臣之异，两者性质相同，即称为同气，仍为相得之例。《素问·至真要大论》云："主胜逆，客胜从。"《素问·六微旨大论》云："君位臣则顺，臣位君则逆，逆则其病近，其害速，顺则其病远，其害微。"客主加临的顺和逆，即客气和主气的相生或相克，以及客气和主气同气，对疾病有轻重缓急会产生影响。若是逆（客气和主气相克）则病情较重，传变迅速，危害甚大；若是顺（客气和主气相生）则病情较轻，病势较缓，危害较微。

总之，如果客气和主气彼此是相生的关系，或客主同气，便是客气和主气相得而安和，属于气候正常，则不易发病。但如果客气和主气是相克的，则为不相得，则客气和主气不相得而为害，属于气候异常，容易致病。

三、推断一个人在具体年份健康状况的方法

在第四章中论述了如何推断一个人每一步大运期间的健康状况和发生危险的具体年份。运用五运六气可以推断一个人在某一年的健康状况，这就是所谓的"先立其年，再审其气，终看其人"。因为任何一个年份所对应的大运、主运、客运、主气、客气、客主加临等必然会对人体的健康状况产生影响。关于这些元素的基本概念和运用规则已经在前面几节中做了详细的介绍，就可以具体用来进行分析。所用的方法就是依据"先立其年，再审其气，终看其人"三个步骤。

1. "先立其年"

确定该年的天干和地支。有了它们，就可以排出该年的五运六气。

2. "再审其气"

（1）根据该年的天干分析。即以每年的天干配以五行合化来测定气候变化，再从气候变化分析对人体健康的影响，预测人的患病趋势。

表35　十天干决定岁运、气候及脏腑病症

天干	岁运状态	气候特点	容易受伤的脏腑	常见病症
甲	土运太过	雨湿流行	脾、胃、肾、膀胱	腹痛、腹满、肠鸣、溏泄、悲观、肌肉萎缩、四肢不举。
乙	金运不及	炎火大行、寒雨暴至	肺、大肠、心、肾、膀胱	血便、注下、头痛、发热、口疮、重者会有心痛。
丙	水运太过	寒气流行	肾、膀胱、心、三焦	身热、烦躁、心悸、谵语、腹大、喘咳、怕风、腹泻、不消化、胫肿。
丁	木运不及	燥气大行、炎暑流行	肝、胆、肺、心、大肠	胁痛、小腹痛、肠鸣、溏泄、寒热、疮疡、痈、疣、咳。
戊	火运太过	炎暑流行	心、三焦、肺、大肠	疟疾、咳喘、血溢血泄、耳聋、胁痛、肩胛痛、骨痛、肩背热、嗌燥、谵语。
己	土运不及	风气大行	脾、胃、肝、胆、肺、大肠	飧泄、霍乱、腹痛、肌肉酸痛、易怒、胸胁暴痛、易叹息、食少失味。
庚	金运太过	燥气流行	肺、大肠、肝、胆	两胁和小腹痛、眼疡、听力弱、烦闷、脑痛引背、咳喘逆气、尻、阴、股、膝、髀等皆有病和暴痛。
辛	水运不及	湿气大行、大风暴发	肾、膀胱、脾、肝	腹满浮肿、身重、濡泄、腰腹痛、足痿、气并隔中。
壬	木运太过	风气流行	肝、胆、脾、胃	飧泄、食减、烦闷、善怒、胁痛、眩颠。
癸	火运不及	寒气大行、大雨且至	心、三焦、肾、膀胱、脾、胃	胸痛、心痛、两臂痛、腹满、腹大、食饮不下、肠鸣、泄注腹痛。

依据十天干合化：甲己合化土、乙庚合化金、丙辛合化水、丁壬合化木、戊癸合化火。

（2）确定该年岁运的状态属于平气、太过、不及三种状态中哪一种状态。

第三章中介绍过岁运有平气、太过和不及三种状态，在表35中列出了十个天干所在年份的岁运太过和不及状态。这两种状态都会影响人体健康以及疾病的发生。而平气状态与太过和不及不同，虽然它也可能引发疾病，但是对人体健康的影响较小，所以表35中没有列出平气状态。关于平气的详细论述可以参见第五章第三节。

（3）主运和岁运不同之处在于，确定岁运依据的是天干，甲是十天干之首，根据甲己合化土的规则，年天干为甲的年份行土运。因此各年的岁运从土运开始循环。循环的规则是五行相生：土生金、金生水、水生木、木生火、火生土。例如1984年是甲子年，该年的岁运是土；1985年是乙丑年，该年的岁运是金；等等，依次排出各年的岁运。

而每个季节的主运则不然，是从每个季节的五行属性起始。因为每年第一个季节是春季，春季属木，每年的第一个主运是木运。然后是夏季，由于木生火，所以第二个主运是火运；第三个季节是长夏，由于火生土，所以第三个主运是火运；第四个季节是秋季，由于土生金，所以第四个主运是金运；第五个季节是冬季，由于金生水，所以第五个主运是水运。也就是说每年的五个主运的顺序和起始时间都是固定不变的。所以每年五个主运期间的气候特点以及对人的健康的影响也是固定的。

表 36　每年五个主运的顺序和起始时间

主运	时段	特征
初运为木	大寒至春分后 13 日之前	木运主春季。若木运太过，则气候为风；若不及，则气候为燥。
二运为火	春分后 13 日至芒种后 10 日之前	火运主夏季。若火运太过，则气候为热；若不及，则气候为寒。
三运为土	芒种后 10 日至处暑后 7 日之前	土运主长夏。若土运太过，则气候为湿；若不及，则气候为风。
四运为金	处暑后 7 日至立冬后 4 日之前	金运主秋季。若金运太过，则气候为燥；若不及，则气候为热。
终运为水	立冬后 4 日至大寒之前	水运主冬季。若水运太过，则气候为寒；若不及，则气候为湿。

在根据某一年的五运状态分析一个人的健康状况时，可以查阅第三章和上面的内容。为了方便读者使用，下面将五运汇总于表37中。读者可以直接从表中查到某年的五运状态。

例如，2023年是癸卯年，这一年的岁运是火运；岁运的状态是火运不及；主运的顺序是固定的：木运、火运、土运、金运、水运；客运的初运：火运，二运：土运，三运：金运，四运：水运，终运：木运。

表 37　五运总表

年天干	岁运		主运	客运				
	属性	状态		初运	二运	三运	四运	终运
甲	土运	太过	初运：木运 大寒至春分后13日之前	土运	金运	水运	木运	火运
己		不及		土运	金运	水运	木运	火运
乙	金运	不及	二运：火运 春分后13日至芒种后10日之前	金运	水运	木运	火运	土运
庚		太过		金运	水运	木运	火运	土运
丙	水运	太过	三运：土运 芒种后10日至处暑后7日之前	水运	木运	火运	土运	金运
辛		不及		水运	木运	火运	土运	金运
丁	木运	不及	四运：金运 处暑后7日至立冬后4日之前	木运	火运	土运	金运	水运
壬		太过		木运	火运	土运	金运	水运
戊	火运	太过	终运：水运 立冬后4日至大寒之前	火运	土运	金运	水运	木运
癸		不及		火运	土运	金运	水运	木运

（4）确定该年的主气和客气的状态，以及客主加临的状态，分析人体患病的趋势。

五运根据五行属性分为五种，而六气则将一年中的季风和气候特征分成六份，称为六种"主气"：风气、火气（君火）、暑气（相火）、湿气、燥气、寒气。每年的六种主气排列顺序与每年的五运相同，都是固定不变的。初之气：厥阴风木，二之气：少阴君火，三之气：少阳相火，四之气：太阴湿土，五之气：阳明燥金，终之气：太阳寒水。

客气也是由这六种气组成，但是排列顺序是变化的。一年中客气的排列顺序都是依据该年的地支而变，十二个地支分为子午、丑未、寅申、卯酉、辰戌、巳亥六组。

六气的详情请参见表25.3。

至此已经完成了"先立其年，再审其气"，最后一步是"终看其人"。

3. "终看其人"

前面两步得到的推断结果适用于所有人，再结合某个具体的人的四柱中反映的先天体质和脏腑系统情况，就可以推断此人在该年的健康状况。

从本质上说，这种推断方法本质上是古人"天人合一"思想的具体运用。五运六气蕴含了天象和气候的状态，以及对人的影响，它普适性地面向所有的人，这是一个人患病的外因。四柱推命术则是针对具体的个人的体质和脏腑系统，这是一个人患病的内因。因此，掌握了四五六之学，不需要见到某个具体的人就能推断此人在某一年的健康状况和患病趋势。既将五运六气的推断结果精准到一个人，又将四柱推命术扩展到推断健康状况，不再是单纯的算命术。

下面分析两个实际命例在 2023 年的健康状况。

（1）"先立其年"：2023 年是癸卯年，天干为阴天干癸，地支为阴地支卯。

（2）"再审其气"。

① 2023 年的年干为癸，故大运（即岁运）为火运。由于癸为阴干，所以 2023 年火运不及。

② 2023 年每个季节的主运固定不变：初运是木运，二运是火运，三运是土运，四运是金运，终运是水运。

③ 2023 年的年干为癸，是阴天干，故该年五个客运的顺序是：初运是火运，二运是土运，三运是金运，四运是水运，终运是木运。

④ 2023 年主气的顺序是：

表 38　2023 年主气顺序

主气	时段
初之气	大寒、立春、雨水、惊蛰
二之气	春分、清明、谷雨、立夏
三之气	小满、芒种、夏至、小暑
四之气	大暑、立秋、处暑、白露
五之气	秋分、寒露、霜降、立冬
终之气	小雪、大雪、冬至、小寒

⑤2023年的年地支为卯，故客气的顺序是：

初之气太阴湿土；二之气少阳相火；三之气阳明燥金（司天之气）；四之气太阳寒水；五之气厥阴风木；终之气少阴君火（在泉之气）。

⑥2023年客主加临。

表39　2023年客主加临

2023癸卯年		司天：阳明燥金	在泉：少阴君火
	主气	客气	状态分析
初之气	厥阴风木	太阴湿土	主气木克客气土，为逆，不相得
二之气	少阴君火	少阳相火	主气和客气皆为火，同气，为顺，相得
三之气	少阳相火	阳明燥金	主气火克客气金，为逆，不相得
四之气	太阴湿土	太阳寒水	主气土克客气水，为逆，不相得
五之气	阳明燥金	厥阴风木	主气金克客气木，为逆，不相得
终之气	太阳寒水	少阴君火	主气水克客气火，为逆，不相得

（3）"终看其人"

有了2023年五运六气的基本状况，再结合某个人的四柱就可以推断此人在2023年的健康状况。分析的步骤是：

①四柱的基本信息；

②根据五运六气从岁运分析健康状况；

③四柱的核心是日干，故需要从日干分析健康状况：即岁运对日干的影响，大运对日干的影响，六气对日干的影响，以及十二个月纳音对日干的影响。

以下是对两个真实命例在2023年健康状况的分析。其中并没有包括这两个命例的四柱中所有的健康状况内容，只是罗列了与2023年有关的内容。

例一，某男士，乾造（1982年生人）：辛酉　辛丑　丙戌　壬辰。

四柱的基本信息：2023年此人虚岁42岁，行第四步大运（36—45岁）：甲午（沙中金）。日干为丙，属阳火。

此人生年干为辛，根据丙辛合化水，辛为阴天干，故1982年水运不及。《素问·气交变大论》云："岁水不及，湿乃大行"，由于水气衰弱，使得火气偏亢。故此人的先天体质存在腹胀闷满、溏泄、疮疡、腰股疼痛、下肢关节运动不利、烦闷抑郁、脚下疼痛厥冷甚至足跗浮肿等症状。

虽然生年干为辛导致水运不及，被土克制，但根据五行胜复的规则，在 2023 年春季水生助的木气当令，木来克土，于是容易出现脾胃不适、筋骨疼痛、运动不利、肌肉痉挛、两眼昏花、视觉不明，或风疹，心腹痛等症状。

生年地支为酉与 2023 年地支卯相冲。2023 癸卯年的司天之气是阳明燥金，主上半年之令。燥金淫胜，木受其克，故从 2022 年的大寒开始至 2023 年的小暑期间须注意肝、胆和肺等脏腑的病患。表现为左胁痛、疟、肠鸣、溏泄、心胁暴痛至不可反侧、腰痛以及癫疝等病症。

2023 年的在泉之气是少阴君火，主下半年之令。热气偏胜，火热内迫，火来克金，故从 2023 年的小暑后至小寒期间须注意肺、中下二焦等脏腑的病患。表现为腹中常鸣、气上冲腹、小腹痛、腹胀大、喘不能立、寒热、皮肤痛、目瞑、齿痛、颊肿、寒热如疟等病症。

四柱的核心是日干，此人的四柱中日干为丙，属阳火，时干为壬属阳水。二者都是阳干，所以相互克制，即日干被时干克制。阳火对应的脏腑和身体部位是肩、小肠。由于日干阳火被时干壬水克制，主此人肩、小肠等需要注意病患，而且易有眼目昏暗的症状。

此人生于冬季的丑月，凡生于冬季之人，四柱中火虚弱，则为寒湿体质。畏寒不怕热，稍饮生冷食物就拉肚子，时常脾胃寒胀，脊背疼痛。脉细数少、尿白、心脏力弱、大便偏稀。寒湿型体质在幼童时对冷空气最敏感，稍有着凉，就流清鼻涕、拉肚子。

而且该季节的主运是水运，故克制日干丙火。2023 年为癸卯年，按照"戊癸合化火"的规则，岁运为火运，但是癸为阴天干，岁运火被主寒的水来相克，故为火运不及。岁运和主运叠加，此人在该年内必然会湿气较重，到了长夏湿土之气当令时，易患大便溏泄、腹满、食饮不下、寒中肠鸣、腹痛、两足痉挛痿痹、萎缩麻木导致不能行走等疾病。就如《黄帝内经·素问·气交变大论》所说的："胸中痛，胁支满，两胁痛""病溏腹满，食饮不下，寒中肠鸣，泄注腹痛"等症状。此外，由于在终运期间水克火，也需要注意阴火对应的心脏和三焦的健康问题。

但是从大运分析，此人的第四步大运（36—45 岁）：乙未沙中金，不克制日干丙，所以在第四步大运的 2023 年期间，即使患有上述病症也不严重，而且容易痊愈。

再分析癸卯年（2023）的十二个月的状况。该年十二个月分别是：

正月（甲寅—大溪水）、二月（乙卯—大溪水）、三月（丙辰—沙中土）、四月（丁巳—沙中土）、五月（戊午—天上火）、六月（己未—天上火）、七月（庚申—石榴木）、八月（辛酉—石榴木）、九月（壬戌—大海水）、十月（癸亥—大海水）、十一月（甲子—海中金）、十二月（乙丑—海中金）。

在十二个月中，正月和二月的纳音为大溪水，九月和十月的纳音为大海水。所以此人发生上述疾病的可能性在这四个月期间比较大。

例二，某女士，坤造（1961 年生人）：辛丑　丁酉　癸亥　甲寅。

四柱的基本信息：2023 年此人虚岁 63 岁，是第六步大运（54—63 岁）：庚子（壁上土）的最后一年。日干为癸，属阴水。

此人生年干为辛，根据丙辛合化水，辛为阴天干，故 1961 年水运不及。《素问·气交变大论》云："岁水不及，湿乃大行"，由于水气衰弱，使得火气偏旺。故此人的先天体质存在腹胀闷满、溏泄、疮疡、腰股疼痛、下肢关节运动不利、烦闷抑郁、脚下疼痛厥冷甚至足跗浮肿等症状。

虽然生年干为辛导致水运不及，被土克制，但根据五行胜复的规则，在 2023 年春季水生助的木气当令，木来克土，于是容易出现脾胃不适、筋骨疼痛、运动不利、肌肉痉挛、两眼昏花、视觉不明，或风疹、心腹痛等症状。（注意：由于此人和前一个人的生年干都是辛，所以这两个人由生年干形成的先天体质和可能的病患基本相同。）

此人生于秋季的酉月，该季节的主运是金运，对日干癸有生助之功，所以此人的先天体质较好。

2023 年为癸卯年，司天之气是阳明燥金，主上半年之令。燥金淫胜，木受其克，故从 2022 年的大寒开始至 2023 年的小暑期间须注意肝、胆和肺等脏腑的病患。表现为左胁痛、疟、肠鸣、溏泄、心胁暴痛至不可反侧、腰痛以及癫疝等病症。

2023 年的在泉之气是少阴君火，主下半年之令。热气偏胜，火热内迫，火来克金，故从 2023 年的小暑后至小寒期间须注意肺、中下二焦等脏腑的病患。表现为腹中常鸣、气上冲腹、小腹痛、腹胀大、喘不能立、寒热、皮肤痛、目瞑、齿痛、颊肿、寒热如疟等病症。

2023 年为癸卯年，按照"戊癸合化火"的规则，岁运为火运，但是癸为阴天干，故为火运不及。而且除了年干为癸，此人的日干也是癸。两个主寒的水来克制岁运火，导致 2023 年火运不及的状态雪上加霜。故此人在该年内湿气较重，尤其到了长夏湿土之气当令时，易患大便溏泄、腹满、食饮不下、寒中肠鸣、腹痛、两足痉挛瘘痹、萎缩麻木甚至不能行走等疾病。

此人的日干为癸，属阴水，对应的脏腑和身体部位是肾和足，根据土克水的规则，所以首先考虑日干被克制的因素。每年的长夏（在芒种后 10 日至处暑后 7 日之前）行土运（即三运）。在脏腑中脾胃属土，每年长夏的气候特点是雨水较多，湿气较重，使得人体的脾气受到影响。于是克制肾水的土气力量不足，此人的肾和足应无大碍。但是火运不及所引发的疾病依然难免，发生的时段主要在长夏。

从大运分析，此人的第六步大运庚子和第七步大运辛丑均为壁上土，对日干的水有克制作用，2023 年在第六步大运的期间，故一旦患病会比较严重，难以痊愈。

再分析癸卯（2023）年的十二个月的状况。该年十二个月分别是：

正月（甲寅—大溪水）、二月（乙卯—大溪水）、三月（丙辰—沙中土）、四月（丁巳—沙中土）、五月（戊午—天上火）、六月（己未—天上火）、七月（庚申—石榴木）、八月（辛酉—石榴木）、九月（壬戌—大海水）、十月（癸亥—大海水）、十一月（甲子—海中金）、十二月（乙丑—海中金）。

在十二个月中，三月和四月的纳音为沙中土，由于土克水，所以此人发生上述疾病的可能性比较大。

第六章 四五六之学的最终目标是"治未病"

四五六之学的研究主题既不是命理学的，也不是五运六气的。它将两门本来没有什么关联的学问放在一起研究的最终目标是"治未病"。欲治未病，首先需要知道一个人将会患病的趋势和发病的是哪个脏腑。

《黄帝内经》中关于"治未病"有多处论述。"未病"一词最早见于《素问·四气调神论》："是故圣人不治已病治未病，不治已乱治未乱，此之谓也。夫病已成而后药之，乱已成而后治之，譬犹渴而穿井，斗而铸锥，不亦晚乎！"这段话强调了治未病的重要性，已成为预防医学的座右铭。

历史上最为著名的故事是魏文王与扁鹊的对话。

魏文王问扁鹊：你家兄弟三人，都精于医术，到底哪一位最好呢？

扁鹊答：长兄最佳，中兄次之，我最差。

文王再问：那为什么你最出名呢？

扁鹊答：长兄治病，于病情发作之前，一般人不知道他事先能铲除病因，所以他的名气无法传出去；中兄治病，于病情初起时，一般人以为他只能治轻微的小病，所以他的名气只及本乡里；而我是治病于病情严重之时，一般人都看到我下针放血、用药，都以为我医术高明，因此名气响遍全国。

这段话告诉我们，医术最高明的医生是能够预防疾病，而不是擅长治病的人。中国传统医学历来防重于治。在现代社会中各种疾病越来越多、发病年龄越来越低、亚健康人越来越多，所以治未病更为重要。

"预防"一词最早见于《周易·下经》，"君子以思患而预防之"。可见中国的古人对预防很早就有了清楚的认知。在现代西方医学中有"预防医学"这个分支，许多医学院校开设了预防医学专业。笔者认为，现代版的预防医学主要是两类：一类是针对已经出现的某种流行病，实施注射预防针、隔离、针对性消毒等措施。其目的是防止流行病传播扩散，例如2003年的非典（SAAS）、2020开始的新冠疫情等。另一类是根据某种流行病或传染病的出现趋势，提前注射预防针。例如给幼儿注射牛痘疫苗、口服预防小儿麻痹症的糖丸等。这种预防医学属于广义的"治未病"范畴，它是面向全部或某类人群的普适性的预防。

中国传统医学的"治未病"与西方医学的预防医学有所不同，其核心思想是"天人合一"。即在研究人与自然、宇宙万物的阴阳五行属性的基础上搞清楚人的生、老、病、死之规律。然后根据五运六气预测的发病趋势加以预防。这样的结果面向所有人的，是普适性的。这正是"天人合一"中的"天"。如果再加上四柱推命术中的四柱理论，结合阴阳五行属性，揭示每个具体的人的先天体质和脏腑健康状况，这正是"天人合一"中的"人"。于是"治未病"就能提升到预防具体的人发病。据笔者所知，有些地方的中医院开设了"治未病"专科，这样的专科显然不只是局限于西医的注射预防针的功能。

笔者由衷地希望这种"治未病"理念能被大众和广大的医疗机构所接受，让更多的国人不得病、少发病，提高中华民族整体的健康素质。

治未病是采取预防或治疗手段，防止疾病发生、发展的方法。真正意义上的治未病并不是简单的只针对"亚健康"状态的患病前预防。它包含三种意义：一是"未病"阶段，防病于未然，强调摄生，预防疾病的发生；二是"初病"阶段，患病之后主张早期诊断和早期治疗，及时控制疾病的发展恶化；三是"已病"阶段，注重对病症的救治，并且防止疾病的复发及治愈之后的后遗症。

试想，如果我国各级医疗机构重视了"治未病"，甚至设立专科，再加上人们在医疗体系之外了解了四柱命理学中分析个人先天体质的方法，以及五运六气揭示的气候变化将引发疾病的趋势，也就是学会了用"算病"来深化对每一个人治未病的作用，我国国民的健康状况必将得到很大的提高。这就是四五六之学的最终目标。

后 记

写本书的起因是笔者尝试将命理学领域的四柱推命理论与中医学领域的五运六气理论结合起来推断人体的健康状况。一是从一个人由出生年月日时确定的四柱分析其先天体质状况和五脏六腑的强弱以及患病的趋势。二是根据自然界的气候变化形成的五运六气分析对人体健康的影响。本书的名字叫作《循易解医——四五六之学新探》，"四"指四柱，"五六"指五运六气。纵观历史，自古以来不乏命理学的高手和五运六气的中医大家，但是将这两套理论体系结合起来研究人体健康的学者却是凤毛麟角。笔者萌生的这个想法只能说是一种尝试和探索，在研究的实践过程中得到了一些验证，希望能抛砖引玉，引起命理学高手和五运六气中医大家的兴趣和重视，开辟一个融合两套理论体系的研究新领域。

动笔之前，笔者曾认为对命理学和五运六气都有一定程度的了解，应该能顺利地完成本书。殊不知在动笔之后才发现难度很大：难点之一是，命理学中关于推断人体健康的规则匮乏，需要对人体的五脏六腑根据阴阳五行的旺相休囚死状态之间的对应关系加以补充和完善，形成推断一个人健康的一些新的规则。这一点扩展了四柱推命术的应用领域，也是历来命理学理论中不足甚至缺失之处。难点之二是，《黄帝内经》有七篇大论，它们论述了天时气候变化及其对生物的影响。但是，虽然自古以来有不少研究五运六气的中医大家，却很少有人将五运六气与江湖上的算命术联系在一起研究，很少见到这方面的研究文献或典籍，这个领域几乎是空白。这两个难点困扰了笔者很长时间。于是笔者终于明白了将这两套理论体系融合到一起去分析一个人的健康状况是一件非常困难的事情。

笔者曾经对朋友吹嘘自己自学中医十余年，撰写完本书之后才明白笔者对中医的了解很肤浅，连皮毛都算不上。通过撰写本书之后也许对中医的了解可以提升到一个新的层面，而且对四柱推命术的理解和运用也将得到提升。这一点正是笔者最大的收获。

笔者基于数十年学习和研究传统文化多个领域的实践和省悟，明白了一个道理：传统文化的各个领域虽然各有侧重点，但是它们都是古人根据源自天文星象学、自然界的阴阳属性和万物的五行属性衍生发展而来。既然来源相同，它们必然有共通之处。将它们的一些理论和规则进行融合并交义运用完全是可能的。这个思维方向并不是笔者突发奇想，而是在笔者的实践中得到了验证。例如，推算一个人的命理时，如果将此人居住环境的风水状况、相貌、姓名的卦象综合起来推算，得到的结果不仅局限于命理学推算的结果，而是更加全面的结论。关于这一点，笔者是有许多实践案例来支撑的。基于这一点，笔者坚信将四柱和五运六气加以融合去推断分析一个人的健康状况是可行的。如果没有了这个信念，也许这本书会中途夭折。

本书的主题和重点是"算病"，严格意义上说，既不是四柱推命术，也不是五运六气理论本身。而是运用它们去推断分析一个人的先天体质和后天健康状况。因此书中不涉及四柱推命中仅仅用于算命的许多内容。笔者并不反对和否定江湖上存在的算命现象。但笔者认为人们更需要的是健康，这就是"算病"的主旨。就这个意义而言，本书专注于"算病"的主题目前很少见到先例。站在四柱推命术和五运六气的角度来看，本书有点四不像，而这一点正是笔者的初衷。但是特别要声明的是，笔者绝没有标新立异的另类企图，本书只是一种新的探讨和尝试。因此在"四五六之学"的严谨性和完整性等方面难免有疏漏之处，笔者衷心希望能得到专门从事四柱推命术和五运六气领域研究的专家们批评指正。

由于本书探讨的主题是"四五六之学"，尚无先例，所以与笔者前面撰写的几本讨论传统文化领域的书不同之处是，本书没有前言，而增加了引入"四五六之学"的绪论。

本书的完稿时间由于上面两个难点的影响而一拖再拖。本书的最后完成要由衷感谢团结出版社的理解和一如既往的鼎力支持。

壬寅年九月于南海之滨元亨斋